Peter Abel
Spirituelle Wege aus dem Burnout

Peter Abel

Spirituelle Wege aus dem Burnout

Vier-Türme-Verlag

Bibliographische Information der Deutschen Bibliothek
Die Deutsche Bibliothek verzeichnet diese Publikation in der Deutschen Nationalbibliographie. Detaillierte bibliographische Daten sind im Internet über http://dnb.ddb.de abrufbar.

1. Auflage 2009
© Vier-Türme GmbH, Verlag, Münsterschwarzach 2009
Alle Rechte vorbehalten

Lektorat: Dr. Kristin Haas-Heichen
Umschlaggestaltung: Thomas Uhlig, www.coverdesign.net
Umschlagmotiv: fotosearch.de
Gesamtherstellung: Friedrich Pustet KG, Regensburg
ISBN 978-3-89680-413-6

www.vier-tuerme-verlag.de

INHALT

Wie? Ich? **9**
Müde und erschöpft 10
Die Frage nach dem Ausbrennen 11
Ruhe für meine Seele 18

Stress **21**
Stress im Alltag 22
Stress und Beruf 26
Innere Antreiber und Tretmühlen 28
Unter der Last der Verantwortung 31

Burnout **38**
Burnout – innere Erschöpfung im Beruf 39
Wer brennt aus? 42
Der ganze Mensch brennt aus 44
Mensch und Arbeit im Ungleichgewicht 50
Ausgebrannte Organisationen 52
Und Gott? 56

Innere Erschöpfung **59**

Überdruss in der Arbeit 60

Spirituelle Erschöpfung – ein Wendepunkt 63

Elijas Müdigkeit 66

Elijas Weg 71

In Verantwortung für sich selbst 76

Innehalten und Kraft schöpfen **78**

Die innere Ruhe finden 80

Der Weg zur inneren Ruhe 84

Innehalten im Glauben 89

Kraftquellen in Kraftgrenzen **90**

Erholung und Entspannung 96

Zeit gestalten 99

Ruhe finden im (Arbeits-)Alltag 101

Leben und Arbeit im Gleichgewicht 105

Bewältigung am Arbeitsplatz **108**

Die Arbeitsbelastung abbauen 109

Soziale Unterstützung aufbauen 111

Ausgeglichen arbeiten 113

Mit Überforderung umgehen 116

Burnout und Führung **123**

Eine unterstützende Kultur fördern 124

Das soziale Umfeld stärken 127

Für Unterbrechung sorgen 129

Nur für heute – Spirituelles Selbstmanagement **132**

Literaturempfehlungen 139

Wie? Ich?

Man schämt sich jetzt schon der Ruhe;
das lange Nachsinnen macht Gewissensbisse.
Man denkt mit der Uhr in der Hand –
man lebt wie einer,
der fortwährend etwas »versäumen könnte«.
Friedrich Nietzsche, Die fröhliche Wissenschaft

Manchmal, wenn ich es am wenigsten erwarte und es erst recht nicht brauchen kann, schleicht sich in mein Leben Veränderung ein. Ungeplant, manchmal verunsichert und doch von einem guten Geist geleitet, komme ich zu einer neuen Einstellung. Obwohl mir vieles vertraut ist – meine Arbeit, mein Alltag, meine Freunde –, finde ich mich an einem unbekannten Ort wieder. Gewohntes ist nicht mehr, Neues hat sich entwickelt.

So ein Wendepunkt, der mein Leben ändern kann, ist die Erfahrung innerer Erschöpfung, vor allem im Beruf. Ich habe mich voller Zuversicht an eine Aufgabe herangemacht. Lange Zeit habe ich viel geleistet. Doch jetzt verliere ich Schritt für Schritt den Mut. Ich werde kraftlos. Ich bin müde, bin an eine

Grenze geraten. Stimmen die Eckpunkte meines Lebens noch? Oder ist nicht Neuorientierung angesagt?

Müde und erschöpft

»Mit viel Freude«, so erzählt mir Andreas N., *»hatte ich mich an den beruflichen Neuanfang gemacht. Ich hatte mir den Schritt in die Leitungsposition wohl überlegt und mich auf meine Aufgabe gut vorbereitet. Lange Jahre hatte ich hart dafür gearbeitet, um mich bei meinen Vorgesetzten zu empfehlen, und als ich endlich Abteilungsleiter war, habe ich mich umso mehr engagiert.*

Anfangs merkte ich gar nicht, dass ich viel weniger Zeit mit meiner Familie und mit meinen Freunden verbrachte; die Verantwortung gab mir ja genug Befriedigung.

Weil unsere Kinder größer geworden waren, nahm meine Frau zeitgleich eine halbe Stelle in einer sozialen Einrichtung an. Sie war von der Arbeit mit den Kindern begeistert. Wir brauchten uns nicht mehr so sehr. Dass ich immer mehr müde wurde und mir tagsüber die Konzentration schwer fiel, stellte ich zwar fest, aber ich traute mir zu, mich im Urlaub wieder zu regenerieren. Ich wollte richtig Kraft tanken – Fehlanzeige. Trotz Urlaub blieb mein Akku leer.

Heute ist mir alles zu viel. Ich bin ausgelaugt und lustlos. Am Abend schlafe ich vor dem Fernseher ein, nachdem ich mich eine halbe Stunde durch alle Programme gezappt habe. Begeisterung? Die ist mir abhandengekommen. Ich bin leicht reizbar. Ich schlafe schlecht. Die Kolleginnen und Kollegen ärgern mich mehr, als dass sie mir helfen. Wenn ich ehrlich bin: Es geht mir nicht gut.«

Wie? Ich?

Erschöpfung im Beruf und zu Hause ist weit verbreitet. Das Gleichgewicht von Arbeit und Leben, von den Berufsanforderungen und selbst gesetzten Ansprüchen ist aus den Fugen geraten. Der Energiehaushalt stimmt nicht mehr, Arbeit und Privatleben kosten mehr Kraft, als sie geben. Der Anspruch, sein Leben selbst erfolgreich zu gestalten, kann nicht mehr recht eingelöst werden. Unsere Arbeitsgesellschaft trägt ihren Teil bei: Steigende Anforderungen und regelmäßige Veränderung, Verunsicherung und fehlende Bindung an das Unternehmen, Arbeitsbelastung und Stress gehören zum Arbeitsalltag. Berufliche Erschöpfung ist eine Krankheit unserer Zeit. Christina Maslach, eine bekannte Burnoutforscherin, stellt daher fest, dass Burnout »das größte Berufsrisiko des einundzwanzigsten Jahrhunderts ist, ... ein Phänomen, das in jeden Winkel eines modernen Arbeitsplatzes kriecht« (Maslach 2007, 3). Es kann jede und jeden treffen. Am Ende steht ein Mensch, der müde ist und sich die Unlust an der Arbeit auf seine Fahnen schreibt.

Die Frage nach dem Ausbrennen

Wenn ich beruflich erschöpften und ausgebrannten Menschen begegne, dann sind es immer wieder auftretende Fragen, die diese sich stellen. Schon diese Fragen geben mir erste Hinweise, wie man in den Strudel des Ausbrennens hineingeraten kann.

»Warum ist mir alles zu viel?«
Ohne Zweifel, die Leistungserwartungen in der Arbeit und im Lebensalltag haben zugenommen. Viele Anforderungen sind

einfach zu groß, zu schwierig, zu dringend, zu komplex oder zu intensiv geworden. Mit weniger Arbeitskraft muss ein Mehr an Produktivität erreicht werden, Abgabetermine sind einzuhalten, der Druck und der Stress steigen, weil man nicht in Ruhe arbeiten kann. Häufige Unterbrechungen rauben die Konzentration. Hektik lässt kaum Zeit für produktive Langsamkeit. Das Übermaß an Arbeit führt zu einem Teufelskreis an Mehrarbeit.

»*Anfangs habe ich noch gerne eine zusätzliche Aufgabe übernommen. Die Arbeit machte mir ja Spaß. Inzwischen nimmt mein Chef keine Rücksicht auf mein Arbeitspensum und lädt mir von sich aus ständig neue Aufgaben auf. Jetzt fehlt mir jedes Maß. Ich arbeite ja nur noch und weiß gar nicht mehr, wo ich eine Grenze setzen soll.*« Für Johannes L. ist die Anforderung zur Belastung, ja *Überlastung* geworden. Belastungen wirken sich auf die Arbeitsumgebung aus, sei es, dass durch die Konzentration auf die Arbeit Beziehungen verloren gehen, sei es, dass die vorhandenen Beziehungen den Druck ausgleichen müssen. Beruf und Leben sind im Ungleichgewicht.

»*Wann ist es genug?*«

»*Können Sie mir sagen, wann es reicht?*«, fragt mich Katharina B., Chefin einer Personalagentur. »*Mir wächst die Arbeit über den Kopf. Anfangs habe ich mich noch über die Erfolge gefreut. Ich schrieb gute Bilanzen, musste mehrere Mitarbeiter anstellen. Mein Arbeitspensum hat sich verdoppelt. An Familie ist gar nicht mehr zu denken. Auch am Wochenende arbeite ich. Inzwischen hat mich die Arbeit im Griff und nicht ich sie. Alle Tricks für effizientes Zeit- und Selbstmanagement fruchten nichts mehr. Mir*

Wie? Ich?

bleibt gar keine Zeit mehr, Prioritäten zu setzen und über meine Zeit und Ressourcen zu bestimmen.«

Sie können nicht mehr so, wie sie wollen, betonen Menschen, die die Macht über ihre Arbeit verloren haben. Sie verlieren ihre Freiheit und das Vermögen, über ihre Arbeit zu bestimmen. Ihr Leben wird diktiert: Sie müssen immer erreichbar sein, sich ganz aufopfern zum Wohl der Firma. Auch wer nicht selbstständig ist oder in einer verantwortlichen Position, spürt den Druck. Geschäftsbereiche und Dienstleistungen sind ausgegliedert, Effizienz- und Produktivitätssteigerung werden erwartet, technische Erreichbarkeit macht einen unabkömmlich, man muss immer wieder mehrere Aufgaben gleichzeitig lösen – diese Erfahrungen bestärken das Gefühl, die Arbeit nicht mehr im Griff zu haben. Der *Verlust an Kontrolle* wirkt sich direkt aus. Ich bin von den Informationen von oben abhängig, kann nur begrenzt an Entscheidungen teilhaben, lebe mit beschnittener Verantwortung und engen Vorgaben, kann meinen Sachverstand immer weniger einbringen. Solche Erfahrungen machen viele. Am Ende stehen Unsicherheit und Furcht – Unsicherheit, alles richtig zu machen, und Furcht, die Arbeit zu verlieren.

»Warum ist meine Arbeit so trostlos geworden?«

Der *Reichtum emotionalen Lebens* ist *verloren* gegangen. Der ursprüngliche Enthusiasmus, den besten Job der Welt gefunden zu haben, die Lust und die Freude an der Arbeit sind nicht mehr da. Man hat keine rechte Lust mehr, verständnisbereit auf die Wünsche der Kunden zu reagieren. Wer in Mehrarbeit investiert, ist selbst an seinem Schicksal schuld. Was bleibt, sind

Frustration und Zorn. »Ich erreiche sowieso nichts mehr«, sagt sich mancher. »Warum habe ich mir diese mühselige Arbeit aufgeladen, warum sollte ich mich dafür engagieren?« Der Zorn über sich selbst, den Beruf und die widrigen Umstände kann in Zynismus umschlagen. Die undankbaren Kunden haben sowieso nichts Besseres verdient. Es fehlt an positiven Emotionen.

»Wann werde ich krank?«
Es klingt banal und ist doch dramatisch. Wer erschöpft und müde ist, bemerkt die Zeichen der Erschöpfung zuerst an seinen *körperlichen Reaktionen*. Durch Stress erhöht sich der Blutdruck, unruhiger Schlaf und durchwachte Nächte steigern die Müdigkeit ins Unendliche. Weil man nicht mehr auf gesunde Ernährung und Bewegung achtet, sinken Fitness und Wohlbefinden. Es stellen sich Erkrankungen ein. Man ahnt die Konsequenzen und lässt die Sorge, krank zu werden, doch nicht zu. Insgeheim aber fragt man sich doch, wie lange man noch durchhält.

»Warum habe ich schon lange nichts mehr für mich getan?«
Die mangelnde Sorge um den Körper ist bereits Ausdruck der fehlenden Sorge um sich selbst. Doch diese Nachlässigkeit zieht weitere Kreise: »*Obwohl ich unter anderen Vorzeichen meine Arbeit angetreten habe, Selbsterfüllung finde ich schon lange nicht mehr darin*«, sagt mir Frank K.

Heute will man nicht nur Geld verdienen, sondern sich in der Arbeit selbst finden und verwirklichen. Arbeit soll Freude machen, sie soll Kontakt und Kommunikation mit den Menschen fördern, sinnvolles Leben ermöglichen. Doch man vergisst sich. Eigene Bedürfnisse haben keinen Raum. Wenn *Sorge um sich selbst* und *Selbstverwirklichung* ausbleiben, dann wiegt die Erschöpfung umso gravierender. Ich verliere etwas, was mich ausmacht.

»*Warum hilft mir keiner?*«
Überdruss und Erschöpfung sind Ausdruck *fehlender Unterstützung* im Beruf. Positive Kontakte und unterstützende Beziehungen gehen verloren – man hat ja kein rechtes Interesse mehr an den anderen. Mitarbeiter, Kollegen, Vorgesetzte oder Kunden geben keine Rückmeldung mehr. Probleme werden nicht mehr gemeinsam gelöst. Teamarbeit gibt es nicht. Jeder arbeitet für sich alleine, nicht mit den anderen zusammen. Das soziale Leben in der Arbeit bringt mehr Stress und Konflikte als Erfüllung. Man ist nicht mehr offen.

»*Seitdem bei uns die Devise ausgegeben wurde, dass jede und jeder seines Glückes Schmied sei, ist Zusammenarbeit zur Mangelware geworden. Man denkt nicht mehr füreinander mit. Meine Lust, mich für andere einzusetzen, ist gesunken, seit ein Kollege meine Ideen in einem Projekt als seine ausgegeben hat. Ein halbes Jahr Arbeit war umsonst. Seitdem bin ich zurückhaltend, wenn wir Projekte gemeinsam umsetzen sollen. Ich arbeite nicht mehr gerne hier*«, so eine Abteilungsleiterin.

»*Weshalb werde ich so ungerecht behandelt?*«
Viele Entscheidungen über Arbeitsplätze und Aufgaben, über Entlohnung und Aufstieg sind heute nicht mehr nachvollziehbar, sondern erscheinen willkürlich. Mitarbeitende beklagen *fehlende Fairness* und Gerechtigkeit am Arbeitsplatz.

»Ich bin aus allen Wolken gefallen, als mir mein Chef mitteilte, dass dieser Juni mein letzter im Betrieb gewesen sei. Über viele Jahre habe ich mich nach besten Kräften bemüht. Aber anscheinend hat es nicht gereicht. Ich gebe zu, dass die Zahlen in unserer Abteilung die letzten Monate nicht gestimmt haben. Auch neue Initiativen haben nichts geholfen. Ob ich wohl schuld bin an meiner Misere? Oder ist es doch mein Chef, der die andere Abteilung bevorzugt hat?«

Man muss gar nicht eigensüchtige Raffkes im Management bemühen; wo es an gegenseitigem Vertrauen, Offenheit und Respekt fehlt, da wird das Gerechtigkeitsempfinden geschwächt. Ich fühle mich nicht respektiert, im schlimmsten Fall sogar diskriminiert.

»Wird meine Arbeit überhaupt richtig belohnt?«

Es zählt doch die Devise: weniger Geld für mehr Arbeit. Im globalen Wettbewerb findet sich immer noch ein günstigerer Anbieter. Keiner, erst recht nicht der Vorgesetzte, scheint zu bemerken, was ich leiste. Was ich tue, wird für selbstverständlich erachtet. Welchen Tribut man dabei auf sein Seelenkonto zahlt, zeigt sich bei näherem Hinschauen: Es entwickelt sich das Gefühl, nichts Sinnvolles mehr zu tun. Weil Lob und Anerkennung fehlen, fühlt man sich abgewertet. Das Arbeiten ist nicht mehr befriedigend. Die *Belohnung* für die Arbeit stimmt nicht mehr. Da ist es schon besser, in die innere Kündigung zu gehen.

»Wo will ich hin?«

Die großen Fortschritte, die Telekommunikation, Internet und Medien mit sich bringen, sorgen für ständige Erreichbarkeit und unbegrenzte Verfügbarkeit. Wir können uns nicht mehr frei bewegen. Rufbereitschaft ist ein selbstverständlicher Teil unserer Arbeit. Während ich zu Hause bin, landet der nächste Auftrag auf meinem Handy. Mails warten nicht. Die ständige Unterbrechung wird zu einem elementaren Problem vieler Arbeitnehmerinnen und Arbeitnehmer. Sie können sich nicht mehr konzentrieren und orientieren. Der Alltag ist von vielen kleinen Arbeitspaketen bestimmt, die in keinem rechten Zusammenhang mehr stehen. Zeit zum Nachdenken bleibt keine mehr. Wo will ich hin? Komplexität und Vielschichtigkeit sorgen dafür, dass Ziele verloren gehen und *Orientierungslosigkeit* überhandnimmt.

»*Wozu das Ganze?*«
So droht der *Sinn des Ganzen* verloren zu gehen. Lebe ich noch die Werte, mit denen ich meine Arbeit angetreten habe? Ist das, was ich tue, überhaupt noch sinnvoll? Darf ich denn fragen, was ich wirklich will? Wenn ich mir diese Fragen zu stellen beginne, dann wirkt sich die Erschöpfung auf meinen Lebensplan aus. Es entwickelt sich das Gefühl, nur noch sinnlose Arbeiten zu machen. Ich erlebe mich als entbehrlich. Was ich tue, ist bedeutungslos. Ich selbst bin angefragt: ich werde leer, mir selbst gleichgültig. Die Folge: Sinn und Orientierung gehen mir verloren. Wenn das, was ich tue, nicht mehr über mich hinausreichen will, dann ist die Frage der Weltsicht und des Glaubens berührt. Dann wird Erschöpfung in Beruf und Alltag zur spirituellen Anfrage.

Arbeitsüberlastung, Verlust an Kontrolle, Gefühlsarmut, Vernachlässigung des eigenen Körpers, fehlende Selbstverwirklichung, keine Gemeinschaft und Unterstützung, Mangel an Fairness, unzureichende Belohnung, Verlust von Werten und Sinn ... Wenn ich alle diese Faktoren auf mich wirken lasse, dann wird mir sehr schnell deutlich, dass sich Erschöpfung nicht nur auf meinen Beruf beschränkt, sondern mein ganzes Leben erfassen kann. Wenn ich müde bin, dann wird die Erschöpfung auch meinen Geist beeinträchtigen. Mir fällt nichts mehr ein. Ich bin nicht mehr kreativ. Wenn ich müde bin, dann kann ich nicht mehr recht auf den anderen eingehen. Beziehungen werden belastet. Wenn ich müde bin, dann habe ich keine rechte Lust mehr, meinen Alltag und mein Leben bewusst zu gestalten. Sinn geht verloren. Und wenn ich wegen meiner Müdigkeit keinen rechten Sinn und keinen Wert mehr sehe, droht meiner Seele Gefahr.

Ruhe für meine Seele

Ich stehe an einem Wendepunkt. Müde, erschöpft, an der Grenze meiner selbst angekommen, werde ich mit mir selbst und der Sicht meines Lebens konfrontiert. Ich muss mein Leben neu ordnen. Meine Beziehungen müssen eine neue Gestalt finden. Werte, die sich über die Zeit in den Hintergrund geschoben haben, müssen wieder an Bedeutung gewinnen. Ich muss mein Leben ändern, sonst droht meiner Seele der Verschleiß.

Ich kann jedoch etwas dafür tun, dass es »Zeiten des Aufatmens« (Apg 3,20) in meinem Leben gibt. Ich muss nicht ständig in Hektik verfallen, sondern kann innehalten und mir eine Pause gönnen! Es darf Ruhe einkehren, Schwebe zwischen Zeiten der Anstrengung, erwartungsvoller Blick vor der Ankunft, Lidschlag im Moment der Begegnung. Mein Herz öffnet sich. Diese Feststellung mag zunächst abstrakt klingen, fern vom Leben und von der Arbeit. Doch es gibt ein Mehr an Leben.

Mit Maria F. spreche ich über ihre Arbeit. Seit zehn Jahren engagiert sie sich an einer Berufsschule als Lehrerin. Ihre Arbeit macht sie oft müde, der Unterricht ist anstrengend und zermürbend. Manche Schüler haben keine Lust am Lernen und beteiligen sich nicht. Immer noch aufgeregt erzählt mir Maria, wie ihr vor einiger Zeit in einer Klasse offenes Desinteresse am Unterricht gezeigt wurde. »*Ich war drauf und dran, alles hinzuwerfen. Aber dann ist etwas passiert. Ich habe mich gefragt, was geschehen würde, wenn ich diesen Schülern nicht teilnahmslos begegnen würde, sondern mit einem offenen Herzen. Dazu musste ich erst selbst ruhig werden und bei mir ankommen. Diese Haltung hat mich auf Dauer verändert. Auch wenn meine Arbeit nicht leichter ist, ich gehe anders auf die Schüler zu. Ich engagiere mich, weil ich einen tieferen Sinn in meinem Unterricht sehe.*«

Mich trägt eine Zuversicht. Sie gründet auf einer Zusage an alle, die müde sind und schwer zu tragen haben. Es ist die Zusage Jesu, dass die, die müde sind, sich nicht darum sorgen müssen, dass sie untergehen. (Vgl. Mt 11,28f) Jesus verspricht Zeit zum Aufatmen. Auch mir, wenn ich von der Arbeit und der Last des Alltags müde geworden bin. Denn wenn Jesus hier von der Mühe spricht, dann meint er im Wortsinn die anstrengende und ermüdende Arbeit, die Anstrengungen des ganzen Lebens, »alle Trübsal«, wie Martin Luther diese Zusage Jesu kommentiert hat. Ich darf müde und mit einer Bürde beladen sein. Ich muss mich nicht verstecken, wenn meine Seele in der Unruhe heutigen Lebens nicht recht zu sich kommen kann und ich mich ohne Obdach erlebe. Wenn ich stöhne und nicht mehr recht weiter weiß, dann ist das ein Zustand, den Jesus bei den Menschen kennt, aber nicht will: »Ich werde Dich aufatmen lassen und Dir Ruhe verschaffen«, sagt er. Meine Seele atmet bei ihm auf. Sie muss nicht mehr beklommen sein. In der Ruhelosigkeit des Lebens darf sie sich wieder neu verankern in der Tiefe ihrer selbst. In der Müdigkeit findet sie wieder vertrauensvoll zu sich zurück. Dann darf ich Lebenskraft schöpfen. Dann bin ich getröstet und geborgen.

Diese Zusage gilt mir und sie gilt dir. Ich kann deshalb das, was mich meine Kraft kostet, ehrlich anschauen.

Stress

>*»Ich ernähre mich durch Kraftvergeudung.«*
>Joseph Beuys

Stress, vor einigen Jahrzehnten nur eine Managerkrankheit, ist zur Zeiterscheinung geworden. Wer keinen Stress hat, gehört irgendwie nicht dazu. So erleben wir unseren Stress in vielen Ereignissen des Alltags: Wir haben Hektik am Frühstückstisch, weil die Kinder zur Schule gebracht werden müssen, der Computer stürzt uns ab, wir werden von einer wichtigen Arbeit abgelenkt, es gibt Streit und Uneinigkeit zu Hause, wir regen uns im Verkehr auf. Wir leben in Eile, in Hetze und unter Zeitdruck. Zu viele Verpflichtungen, Wortwechsel und Ärger in der Arbeit, die Schlange an der Kasse und die ständig anfallenden Arbeiten zu Hause – alle diese kleinen Widrigkeiten können wie Nadelstiche wirken. Stress erleben wir darüber hinaus in Situationen, die uns anstrengen. Wir haben unerfreuliche Begegnungen, die Schwierigkeiten in einer Beziehung dauern an, Familie und Beruf lassen sich wieder einmal nicht vereinbaren. Stress kann zur Dauerbelastung werden: Unsere Lebenssituation macht uns unzufrieden, wir fühlen uns überfordert, sind längere Zeit krank. Die Nerven liegen blank. Krisen wie Tod, Trennung oder Arbeitslosigkeit können erheblich belasten. Stress hat viele Gesichter.

Stress im Alltag

Ich fahre im ICE. Mir gegenüber sitzt ein freundlicher Herr, der mich kurz grüßt, aber dann gleich mit seiner Arbeit anfängt. Sein Handy klingelt während einer Stunde Fahrt etwa fünfzehnmal. Er vereinbart Termine, notiert sich Vorgänge, redet über Kollegen und tippt, während er telefoniert, gleichzeitig in sein Notebook. Zwischendrin verzehrt er noch ein Brötchen. Ein klassischer Fall von Multitasking. Hoch konzentriert arbeitet er, ohne sich von seiner Umgebung stören zu lassen. Aber er merkt gar nicht, was ich mitbekomme. Am Ende kenne ich interne Strukturen des Betriebes, seine Einschätzung mehrerer Kollegen und bin vom ständigen Klingeln seines Handys genervt. Natürliche Grenzen wie die Achtung vor Abwesenden sind nicht eingehalten. Als eine Vereinbarung offensichtlich nicht so läuft wie geplant, wird er zunehmend nervös und die Unruhe überträgt sich auf die weitere Arbeit.

Stress verstehen

Was ist nun Stress? Eine chronische Belastung, die kurzfristig unser Leistungsvermögen beeinträchtigt und uns langfristig krank macht. Belastung führt zu Stress, wenn sie andauernd und intensiv ist. Dabei kann diese Belastung sowohl durch

Druck aus unserer Umwelt entstehen als auch durch Vorgänge in uns selbst. Beide Faktoren bedingen sich gegenseitig und erfordern eine hohe Anpassungsleistung. Belastungen aus unserer Umwelt zeigen bestimmte Merkmale auf: Sie sind neu. Wir können noch nicht recht mit dieser Situation umgehen. Es gibt noch keine erprobten Maßnahmen, um die Schwierigkeiten zu bewältigen. Diese Schwierigkeiten sind stark anhaltend und setzen uns unter Druck. Sie kommen unerwartet und ohne Vorwarnung auf uns zu, ändern sich schnell. Sie sind schließlich widersprüchlich; ich möchte am liebsten aus der Situation fliehen und muss sie doch bestehen.

Stress entsteht im Kopf
Verschiedene Personen bewerten ein und dieselbe Situation unterschiedlich. Für einen ist sie bedrohlich, einschränkend, ja schädlich, während eine andere Person überhaupt keinen Druck empfindet. Unangenehme und belastende Gefühle fördern eine negative Einstellung zu mir und zu der Situation, die ich gerade erlebe. Ich erwarte einen schlechten Ausgang. Ich will fliehen, nehme die Realität nur noch selektiv wahr. Ich werde unsicher. Angst, Schrecken, Panik, Nervosität oder auch Wut und Gereiztheit machen sich in mir breit. Mein Mund wird trocken, der Atem stockt, der Blutdruck steigt und ich habe ein flaues Gefühl im Magen. Ich zittere, scharre mit den Füßen, verspanne mich in der Schulter und merke, wie meine Muskeln zu zucken beginnen. Ich bin beeinträchtigt, mein Wohlbefinden ist gestört.

Entscheidend ist, wie wir dieses Stresserleben bewerten: als Zumutung oder als Chance, als Druck oder als Herausforderung. Wenn ich den Eindruck habe, dass ich eine bedrohliche Situation kontrollieren kann, wird kaum Stress entstehen. Ich kann eine erste Anspannung als Nebenwirkung in Kauf nehmen oder als einen Ansporn verstehen, mich noch mehr anzustrengen. In Stresssituationen ist es zu Beginn sogar die Regel, dass ich mich vermehrt anstrenge oder die belastende Situation umdeute. Vertreter der Stresspsychologie nennen diese Belastung einen »Stress erster Ordnung«. Im Beispiel: Nicht jedes Gespräch muss optimal verlaufen, nicht alle meine Methoden treffen hundertprozentig.

Stress schützt

Stress ist von Natur aus dazu da, uns in gefährlichen Situationen zu schützen. Wenn wir ohne Stress sind, dann schlägt unser Herz ruhig. Der Atem geht normal. Im Moment der Schrecksekunde aber werden alle Kräfte geweckt. Stresshormone werden ausgeschüttet. Wir sind in erhöhter Wachsamkeit, die Energiereserven werden mobilisiert, nicht benötigte Körperfunktionen zurückgefahren. Wer je in eine brenzlige Verkehrssituation kam, kennt diese Anspannung. Die innere Ampel springt auf Rot, wir reagieren blitzschnell. Wir brauchen diesen Widerstand des gesamten Körpers, um mit der Gefahr fertig zu werden. In der Phase der Erholung gehen wir in die Ausgangslage zurück. Bleibt aber die Ampel auf Rot, wird unser Körper dauerhaft geschädigt und unser gesamtes Leistungsvermögen beschränkt. Während zu wenig Anspannung uns lahmlegt, sorgt der Überdruck dafür, dass wir uns im Stress blockieren. Wenn wir die Anspannung auf einem mittleren Niveau halten, befinden wir uns in einer ausbalancierten

Stress

Spannung, es entstehen keine Probleme. Doch zu oft muten wir uns zu viel zu.

Stress macht krank. Aus den anfänglichen Beschwerden werden ernsthafte Erkrankungen. Chronische Überforderung führt zunächst zu Leistungsverlust, zu Gedächtnisschwund und Konzentrationsmängeln, zu gehäuften Fehlern und Konflikten mit anderen Personen. Vor allem die täglichen kleinen Anspannungen nerven; Stressforscher betonen, dass von ihnen die eigentliche Gefahr ausgeht. Wenn die Stress auslösenden Bedingungen über einen längeren Zeitraum anhalten, kommt es nicht nur zu vorübergehenden Symptomen, sondern zu körperlichen und psychischen Störungen. Herz-Kreislauf-Störungen und Verspannungen treten ein. Weil das Verdauungssystem nicht mehr funktioniert, treten Appetitlosigkeit oder Gewichtsverlust auf. Die Immunabwehr des Körpers wird schwächer. Die eigene Wirksamkeit wird eingeschränkt. Psychische Reaktionen lassen nicht lange auf sich warten. Es kommt zu hastigen, plan- und kopflosen Handlungen. Man klagt über die eigene Erfolglosigkeit, resigniert und möchte am liebsten aufgeben. Die Ideen wollen nicht mehr so leicht kommen. Das Desinteresse an einer Tätigkeit steigt. Man fühlt sich erschöpft. So kann schließlich das eigene Selbstbild beeinträchtigt werden. Es kommt zu Unsicherheit und Selbstmitleid.

»Bin ich unter Stress? Ist das alltägliche Belastung, mit der ich ganz gut zurechtkommen kann, oder mehr?« So werden Sie sich vielleicht fragen. Prüfen Sie sich.

Stress und Beruf

Die vielen Gesichter des Alltagsstresses begegnen mir auch im Beruf. Eine Aufgabe überfordert mich. Ich muss meine Arbeit unter Zeitdruck erledigen. Immer wieder hetze ich meinen Zielen hinterher. Die Anforderungen sind zu hoch für mich. Stress in der Arbeit kann auch noch intensiver sein. Ständig muss ich zu viel arbeiten. Da kann ich einem Kollegen, mit dem ich so meine Schwierigkeiten habe, nicht ausweichen. Der Vorgesetzte überfordert mich mit seinen Erwartungen. Ich muss Prüfungssituationen durchstehen. Die Alltagsbelastung kann zur Dauerbelastung werden und meine Einstellung negativ prägen. Meine eigene Einstellung, die Dinge möglichst perfekt zu machen, bringt mich an eine Grenze. Ich entwickle Minderwertigkeitsgefühle, weil mir meine Arbeit nichts wert zu sein scheint und ich keine Anerkennung erfahre. Und im schlimmsten Falle muss ich eine längere Arbeitslosigkeit durchstehen.

Die Arbeitswelt selbst kann auf vielerlei Weise belastend wirken. Lärm oder Enge sind Zeichen einer belastenden Umwelt. Unklare oder widersprüchliche Arbeitsanweisungen machen das Arbeiten schwer. Zeitdruck, Störungen und Hektik machen unmöglich, dass man eine Arbeitsaufgabe zufriedenstellend lösen kann. Oft sind Rollen nicht geklärt, mit der Konsequenz, dass Erwartungen nicht beschrieben sind oder einem zu viel an Verantwortung aufgeladen wird. Es kommt zu Konkurrenz. Anerkennung und Unterstützung bleiben aus. Das Arbeitsklima verschlechtert sich. Die beständigen Veränderungen und häufige Umstrukturierungen sorgen für zunehmende Belastung und stärken die Angst, den Arbeitsplatz zu verlieren. Wenn nicht klar ist, für welche Kultur ein Unternehmen steht, welche Werte ich in meiner Arbeit verwirklichen kann und darf, wirkt das belastend. Stress scheint einfach zur Arbeitswelt dazuzugehören. Wer etwas leisten will, muss Stress haben. Und wer keinen Stress hat, macht ihn sich.

»Was soll ich tun?«, fragt der Schriftsteller Rafik Schami in seiner autobiografisch gefärbten Erzählung »Sieben Doppelgänger«. »Ich bin nicht mehr ich selbst.« Zugegeben, der Mann hat ein Problem, und zwar ein doppeltes: Er ist ein überaus erfolgreicher Schriftsteller und er kann nicht Nein sagen. Vom Erfolg überwältigt wird er so oft für Autorenlesungen angefragt, dass ihm keine Luft mehr zum Atmen bleibt. Kreuz und quer reist er durch Deutschland, unstet und gehetzt, um seine Zuhörer zu befriedigen, und ist am Ende selbst der Unzufriedene. »Du musst Dich vervielfältigen!«, sagt ihm ein Freund. »Warum suchst Du dir nicht Doppelgänger, die die Lesungen für Dich übernehmen? Dann hast du endlich Zeit für Dich!« Gesagt, getan. Er heuert sieben Doppelgänger an und schult sie, an seiner Stelle aufzutreten. »Was ihr tun müsst: mich vor Publikum spielen. Eure tägliche Rolle bin ich.« Zunächst klappt das wunderbar, er fühlt sich wie im Urlaub. Doch sieben Lesungen gleichzeitig und an verschiedenen Orten müssen gemanagt werden. Was als Entlastung geplant war, entpuppt sich bald als Stress. Dass sich die Katastrophe anbahnt, kann man schon ahnen und das fatale Ergebnis der trickreichen Steigerung schriftstellerischen Lebens lässt nicht lange auf sich warten. Ein Kollege absolviert betrunken seine Lesung und der echte Rafik Schami muss die Wogen glätten. Buchhändler sind über seinen Lebenswandel empört. Ein Doppelgänger kann nicht mehr und will aussteigen.

Die Post häuft sich zu gewaltigen Bergen an und die vielen Liebesbriefe, die an seine Doppelgänger gerichtet sind, müssen alle beantwortet werden. Freunde sorgen sich um seinen Gesundheitszustand, obwohl der echte Rafik Schami quietschfidel ist. Das Spiel droht aufzufliegen. »Ich habe mein Lebensglück verloren!«, so der Dichter verzweifelt. Am Ende verliert sich der Arme. Er bringt verzweifelt einen Doppelgänger um. Es bleibt ihm nichts anderes übrig, als unterzutauchen und im Ausland unter dem echten Namen seines Doppelgängers ein neues Leben anzufangen.

Was hier Parodie ist, ist für manchen bitterer Ernst. Wir muten uns die doppelte und dreifache Belastung im Leben zu. Nicht nur Beruf und Familie sind zu vereinbaren, was schon eine gewaltige Leistung ist. Nein, eine Arbeit selbst kann nicht genug sein. Wir laden uns zusätzliche Verantwortung auf! Auch in der Freizeit finden wir keine Zeit für Muße und Gelassenheit, sondern übertragen das Leistungsprinzip bis in jede Ritze des Lebens hinein. Man findet keine Ruhe. Warum?

Innere Antreiber und Tretmühlen

Etwas treibt mich an. Auslöser sind immer wieder Lebensregeln, die wir schon von Kindheit an in uns aufgenommen haben und die sich zu Glaubenssätzen verdichtet haben. Solche Glaubenssätze brauchen wir, um sicher durch das Leben zu gehen. Wenn diese aber eine destruktive Eigendynamik bekommen, wenn sie sich zu inneren Kommandozentralen verselbstständigen, dann haben sich diese Glaubenssätze zu inneren Antreibern entwickelt. Ich nenne nur einige:

» Sei perfekt! Denn wenn ich Fehler mache, tauge ich nicht. Deshalb muss ich mich noch mehr anstrengen und darf mir keinen Fehler erlauben.

» Mehr! Es reicht nicht, was du tust. Denn wenn du alle deine Ansprüche erfüllen willst, wenn du die nächste Stufe auf der Karriereleiter erklimmen willst, dann musst du einfach mehr bringen.

» Mach schnell! Du musst das jetzt erledigen! Stress ist eine Zeitkrankheit – unserer Zeit wie auch unseres persönlichen Zeiterlebens: am besten ist's, du bist daran krank. Denn Zeit ist Geld. Wenn die klassischen Zeitsparanstrengungen des Zeitmanagements nicht fruchten, dann musst du dein Tempo beschleunigen und deine Arbeit intensivieren.

» Strenge dich an! Gönne dir keine Pause, reihe Überstunde an Überstunde. Vor allem aber gönne dir keine unnötige Zeit. Den Tüchtigen gehört das Glück.

» Sei stark, denn du bist wichtig! Schwäche darfst du keine zeigen. Was in unserer Arbeitswelt zählt, ist der Held.

» Diese Liste ließe sich noch fortsetzen: Sei beliebt! Mache es allen recht! Sei flexibel! Sei immer bereit …

Alle diese inneren Antreiber führen uns in eine Haltung, Arbeit überzubetonen und das Leben unterzugewichten. Sie führen uns zu einer Haltung, die Paul Scheerbart schon vor hundert Jahren humorvoll erzählt hat, aber heute noch gilt:

Arbeitsspaß
Bei den fleißigen Ameisen herrscht eine sonderbare Sitte: Die Ameise, die in acht Tagen am meisten gearbeitet hat, wird am neunten Tag feierlich gebraten und von den Ameisen ihres Stammes gemeinschaftlich verspeist. Die Ameisen glauben, dass durch dieses Gericht der Arbeitsgeist der fleißigsten auf die essenden übergehe.
Und es ist für eine Ameise eine ganz außerordentliche Ehre, feierlich am neunten Tag gebraten und verspeist zu werden. Aber trotzdem ist es einmal vorgekommen, dass eine der fleißigsten Ameisen kurz vorm Gebratenwerden noch folgende kleine Rede hielt: ›Meine lieben Brüder und Schwestern! Es ist mir ja ungemein angenehm, dass ihr mich so ehren wollt! Ich muss euch aber gestehen, dass es mir noch angenehmer sein würde, wenn ich nicht die Fleißigste gewesen wäre. Man lebt doch nicht bloß, um sich totzuschuften!‹ – ›Wozu denn?‹, schrien die Ameisen ihres Stammes – und sie schmissen die große Rednerin schnell in die Bratpfanne – sonst hätte dieses dumme Tier noch mehr geredet. (Zit. nach Geißler, 63)

Arbeitsspaß kann tödlich enden oder uns wenigstens wesentlich beeinträchtigen. Wir merken gar nicht mehr, wie sehr wir unser eigenes Leben beschränken, Arbeit das ganze Leben überlagert. Wenn das Übermaß an Arbeit zum alles bestimmenden Faktor meines Lebens geworden ist, die inneren Antreiber unbemerkt das Ruder übernommen haben und Arbeit das Leben regiert, dann bahnt sich Arbeitssucht ihren Weg, zumal diese Sucht eine ehrbare ist: man ist ja Vorbild. Freunde und Kollegen schenken Anerkennung und Bewunderung. Dann muss man immer mehr arbeiten, um das Hochgefühl zu erhalten und etwas gegen die innere Niedergeschlagenheit zu tun. Man lädt sich zu große Gewichte auf und droht schließlich unter der Last der Verantwortung zusammenzubrechen.

Unter der Last der Verantwortung

Er war ein Mann, mächtig in Wort und Tat (vgl. Apg 7,25ff), der alles richtig gemacht hatte, die Verantwortung auf sich nahm und sich auf einmal darin alleine gelassen fühlte: Mose. Dabei ist seine Geschichte eine Erfolgsgeschichte. Durch seine vornehme Geburt und seine religiöse Erwählung hatte er die besten Voraussetzungen mitgebracht. Er hatte sich seinem Volk als Mann der Solidarität gezeigt. Doch schon im Moment des aufopfernden Totschlags hatte er Gegenwind von seinen eigenen Leuten bekommen: »Wer hat Dich zu unserem Anführer und Schiedsrichter gemacht?«, warfen sie ihm vor. So muss er, wie die Tradition sagt, das zweite Drittel seines Lebens in der Wüste bestehen und sich läutern. Dort erfährt er Unterstützung, Lebensglück und Gottes Nähe. Dabei hat er Selbstzweifel: »Wer bin ich schon? Ich bin doch ungeeignet, die Aufgabe, die Du, o Gott, von mir willst, zu erfüllen. Ich bin weder sprachgewandt, noch vermag ich vor der Menge zu reden.« (Vgl. Ex 4, 10) Doch genau in diesem Moment wird ihm seine Berufung geschenkt. Gott ist ihm am brennenden Dornbusch nahe. Er wird sein Volk aus der Knechtschaft erlösen. Das gelingt bekanntermaßen. Das Volk ist frei, bald danach aber nicht mehr zufrieden. Es fängt an, Gott mit schweren Vorwürfen in den Ohren zu liegen. Immer nur Manna gibt es, kein Fleisch. Es denkt an die Fische, die es in Ägypten umsonst zu essen gab, den wunderbaren Knoblauch, die Gurken und die Melonen. Der HERR aber entbrennt im Zorn über dieses Verhalten und Mose reagiert:

Mose aber war verstimmt und sagte zum Herrn: Warum hast du deinen Knecht so schlecht behandelt und warum habe ich nicht deine Gnade gefunden, dass du mir die Last mit diesem ganzen Volk auferlegst? Habe denn ich dieses ganze Volk in meinem Schoß getragen oder habe ich es geboren, dass du zu mir sagen kannst: Nimm es an deine Brust, wie der Wärter den Säugling, und trag es in das Land, das ich seinen Vätern mit einem Eid zugesichert habe? Woher soll ich für dieses ganze Volk Fleisch nehmen? Sie weinen vor mir und sagen zu mir: Gib uns Fleisch zu essen! Ich kann dieses ganze Volk nicht allein tragen, es ist mir zu schwer. Wenn du mich so behandelst, dann bring mich lieber gleich um, wenn ich überhaupt deine Gnade gefunden habe. Ich will mein Elend nicht mehr ansehen. (Num 11,10–15)

Ein starker Vorwurf des Mose, doch der HERR lässt sich nicht beirren. ER fordert ihn auf, die Ältesten am Offenbarungszelt zu versammeln. Dort gibt er jedem vom Geist des Mose, damit sie zusammen mit ihm die Last des Volkes tragen. Dem Volk aber gibt er Fleisch in Fülle, so viel, dass sich die Israeliten daran tot fressen.

Eine Geschichte über Klagen und Murren, Neid und Gier, geistvolles Leben und geteilte Verantwortung, Erwählung und Untergang. Mich interessiert vor allem, wie Mose als Verantwortlicher damit umgeht, dass ihn seine Umgebung – das Volk

Gottes – so unter Druck setzt. Denn zweifelsohne steht er unter Druck. Er muss sich ständig mit neuen Forderungen seiner Gefährten auseinandersetzen.

Ein vorwurfsvolles und gieriges Volk

»Noch nie ging es uns so schlecht wie heute!« So murrt das Gottesvolk vor Mose und dem Herrn. »Früher war alles besser.« Kaum ist man mit großem Triumph durch das Meer in die Freiheit gezogen, da fängt das Volk schon das Murren an. Nach drei Tagen schreit es: »Wir wollen zu essen und wir wollen zu trinken haben.« Weil Mose die Verantwortung übernommen hat, kümmert er sich darum. Aber das Volk klagt bald weiter. Das Manna ist nicht genug. Bisher war es die Grundnahrung, wunderbare Speise auf der Reise, genug, um sich satt zu essen. Doch jetzt ist das Manna fade geworden. Das Volk ist der Gabe des Himmels überdrüssig. Die süße Nahrung schmeckt nicht mehr. »Hätten wir doch das Obst und Gemüse, das wir in Ägypten gegessen haben.« So verklärt sich der Blick. Der Geruch von Knoblauch und Fisch hat sich in der Nase verfangen. Das Alte verklärt sich. Israel will nicht mehr aus der Knappheit leben, sondern aus dem Vollen schöpfen. Und so erhebt das Volk die Forderung: »Wir wollen Fleisch zum Essen haben.« Es will zu den Fleischtöpfen Ägyptens zurück, den Weg mit Gott beenden. Das Volk murrt. Die Herzen sind verhärtet und verstockt gegen Gott.

Die Antwort Gottes auf die Vorwürfe des Volkes lässt nicht lange auf sich warten. Er schickt diesem Volk Wachteln in Fülle. Aber dieses Fleisch wird Strafe sein, denn es wird dem undankbaren, ungläubigen Volk geschickt als Überfraß. Sprichwörtlich hängt das Fleisch zum Halse heraus, sprichwörtlich vergammelt es. Der hemmungslose Umgang mit den Ressourcen hat das Gottesvolk zu seinem Ende geführt. Der Hunger nach Lebensfülle, mit dem das Gottesvolk aus Ägypten ausgezogen war, weicht tödlicher Übersättigung.

Kann man solch ein Volk führen? Kann man so eine unzufriedene Meute überhaupt beruhigen? Kann man Menschen, die sich so gegen Gott wenden, überhaupt trösten? Die Verantwortung, die Mose zugemutet wird, ist zu groß. Unmöglich kann er so etwas leisten. Solch ein unzufriedenes Volk zu führen ist eine große, nicht zu bewältigende Aufgabe.

Mose, Mittler im Dienst

Und Mose? Mose ist Mittler zwischen der Verstocktheit des Volkes und Gott. Er ist Gottes Knecht. Seine Aufgaben sind gewaltig. Denn er versorgt Israel mit Wasser und Brot. Er macht sich verantwortlich, wenn es Streit untereinander gibt und das Volk zu organisieren ist. Er steht vor Gott und bittet für das bedrängte Volk. Er tröstet das Volk und spricht ihm Mut zu. Und er wird zum Mittler Gottes und gibt dem Volk Israel SEIN Wort. Das hat Mose erreicht. Er dient wirklich.

Er ist Führungskraft, aber er muss die Widerstände des Volkes ertragen. Zwölfmal, ein ganzes Dutzend Mal, erhebt es sich gegen ihn. Das ist genug. Er kann nicht mehr. Er hört die Leute weinen und ist dadurch selber verstimmt. Sein Zorn richtet sich offen gegen Gott. Dreimal. Einen ersten bitteren persönlichen Vorwurf macht er ihm, wenn er klagt: »Du gibst mir Deine Gnade nicht. Immer und immer wieder entziehst Du dich mir und behandelst mich schlecht.« Ein zweiter Vor-

Stress

wurf folgt: »Was für eine Last hast Du mir mit diesem Volk auferlegt? Es bleibt Dir nicht treu, sondern wendet sich gegen Dich – und mich. Ich kann das Klagen nicht mehr hören. Und jetzt schreit es nach Fleisch.« Und schließlich der dritte Vorwurf, der ungeheuerlichste, der gegen Gott selbst: »Du bist doch der Erzeuger dieses Volkes da. Du hast es in einer Schwangerschaft ausgetragen. Du bist doch die Vateramme! Trag es doch selbst in das Land unserer Väter.« Was muss da passiert sein? Wie kommt es, dass Moses Mittlerschaft zwischen Gott, dem zornig Liebenden, und der Trostlosigkeit des Volkes umschlägt in die blanke Aggression? Keine Gnade erfahren, unter der Last zusammenbrechen, gegen Gott Vorwürfe erheben – geht noch mehr?

Mose ist verstimmt. Er greift den Herrn an. »Warum willst Du mir ans Leder? Warum willst Du mir so schlecht?« Seine Klage, zur Anklage geworden, ist bitter. Er stellt Gottes gnädiges Handeln in Frage. Mose hat die Nase voll. Ihm reicht's! Auf seine Weise schließt er sich der allgemeinen Anklage gegen Gott an, nur vorwurfsvoller und direkt gegen ihn gerichtet.

Mose leidet an der Unregierbarkeit dieses Gottesvolkes. Er kann seine Aufgabe nicht erfüllen. Sein Unmut gegen die übertragene Führungsverantwortung ist nicht mehr zu steigern: »Ich kann dieses ganze Volk nicht alleine tragen. Es ist mir zu schwer.« Die Last ist zu groß. Erschöpft an seiner Verantwortung, gibt sich Mose seiner Mutlosigkeit hin. Er ist hoffnungslos. Er gibt seine Verantwortung für die anderen auf. »Ich kann nicht mehr für alles zuständig sein. Was soll ich noch tun, jetzt, wo sie Fleisch zum Essen wollen?« Der starke, der kluge, der politisch geschickte Führer, der Wundertäter, der gegen Schlangen kämpfen kann und Wasser aus dem Felsen schlägt – er ist es nicht mehr. Es ist genug. Er verzweifelt an der Last seiner Verantwortung. Sein Machertum ist an die Grenze gekommen. Er kann nicht und will nicht mehr das Volk wie ein kleines Kind in das verheißene Land tragen. Soll es Gott doch selbst tun!

Seine Resignation geht gar so weit, dass sie zum Todeswunsch führt. Und dabei hatte ihm Gott seine Verheißung gegeben, ihn nicht alleine zu lassen, sondern mit ihm zu sein. Jetzt steht Mose einsam und verlassen da. Er ist zu Tode betrübt. Seine Selbstzweifel sind bestätigt. Gott soll ihm das Leben nehmen. »Erwürge, ja erwürge mich, Herr« – so hat es Martin Buber übersetzt. Die Last der Verantwortung nimmt ihm die Luft zum Leben. Das ist der bitterste Vorwurf an Gott, den Mose ihm machen kann, er möge ihm das Leben nehmen. Er will sein Elend nicht mehr ansehen. Er steht angeschlagen und ausgezählt da. Er hat keinen Lebensmut mehr. Ich sehe einen Mose, der seine Todesbedürftigkeit zulässt. In diese Bedürftigkeit bricht Gott in sein Leben ein und gibt ihm eine Hilfe.

Stress und Belastung können, gerade unter religiösem Vorzeichen, vielerlei Auswirkungen haben. Zweifel, Klage, Bitternis und Resignation treten zu Tage. Die Last der Verantwortung kann mich an eine Grenze bringen, auch an die Grenze meines eigenen Glaubens. Das Beispiel des Mose macht mich nachdenklich und es provoziert mich. Ich kenne auch diese Erfahrung, dass ich voller Selbstvertrauen eine Verantwortung auf mich nehme und mir diese Last auf einmal zu schwer wird. Ich kenne die Resignation und den Widerstand, mit dem Mose seine Verantwortung hingeworfen hat. Die Selbstzweifel und die Resignation begegnen mir auch heute.

Stress

Da komme ich mit einer Führungskraft auf der mittleren Führungsebene ins Gespräch, einem klassischen Verantwortungsträger. In den letzten Jahren sind ihm mehrere neue Aufgabenbereiche zugewiesen worden. Seine Personalverantwortung ist gewachsen, die Erwartungen an ihn als Hoffnungsträger für eine noch anspruchsvollere Führungsaufgabe sind groß. Unter zwölf Stunden endet kein Arbeitstag. Er erlebt sich fest in das Getriebe eingebunden, einen Ausweg aus der Last gibt es kaum. Die Fülle der Aufgaben macht ihn müde. Er erzählt mir, wie er mit seinem Vorgesetzten über diese Ausweglosigkeit ins Gespräch kam. »Was mich erschüttert hat, ist die Kraftlosigkeit meines Chefs, neue Ideen zu entwickeln. Da fand ich in meiner Ratlosigkeit einen Ohnmächtigen.« Während ich zuhöre, frage ich mich, wie viele Ohnmächtige es in unseren Unternehmen und Einrichtungen gibt.

Auch ich kenne die Ohnmacht, die aus der Überlastung entsteht. Ich kenne die Last des Stresses. Könnte ich so offen wie Mose eingestehen, dass alles keinen Sinn macht? Käme mir eine solch bittere Klage in den Sinn? Könnte ich mir eingestehen, dass mir das Glaubensfundament meiner Arbeit und meines Lebens weggebrochen ist? Was würde dann mit mir passieren? Ich spüre die Ohnmacht, die mir die Kraft aus dem Leib zieht, und den Verlust an Energie, der mich die Hoffnung kostet. Traue ich mich, wie Mose zu sein?

Stress, so haben wir gesehen, kann mich in die Ermüdung und Erschöpfung führen. Vor allem aber kann lang andauernder Stress im Beruf zu jener Erfahrung führen, die ich nun ausführlicher beschreiben möchte: Ausbrennen und innere Müdigkeit.

Burnout

> *Kein Übermaß ist sinnlich wahrnehmbar.*
> *Zu viel Lärm macht taub; zu viel Licht blendet ...*
> *Wir empfinden es nicht mehr, wir erleiden es.*
> Blaise Pascal

Herr Keuner ging durch ein Tal, als er plötzlich bemerkte, dass seine Füße in Wasser gingen. Da erkannte er, dass sein Tal in Wirklichkeit ein Meeresarm war und dass die Zeit der Flut herannahte. Er blieb sofort stehen, um sich nach einem Kahn umzusehen, und solange er auf einen Kahn hoffte, blieb er stehen. Als aber kein Kahn in Sicht kam, gab er diese Hoffnung auf und hoffte, dass das Wasser nicht mehr steigen möchte. Erst als ihm das Wasser bis ans Kinn ging, gab er auch diese Hoffnung auf und schwamm. Er hatte erkannt, dass er selber ein Kahn war. (Brecht, 76)

Was Bert Brecht mit seiner Geschichte von Herrn Keuner uns bietet, spiegelt auch Alltagsdramatik wider. Manchmal geraten wir auf unserer Wanderung durch das Leben unversehens in Gefahr. Wir kommen vom Weg ab. Das Gelände wird unwegsam und gefährlich. Wir erkennen, dass etwas nicht mehr stimmt, und suchen eine Lösung, wie wir sie immer schon gesucht haben. Diese Hoffnung ist falsch. Erst wenn wir den Trug durchschauen, können wir uns auf uns selbst besinnen. Wir lernen zu schwimmen.

Ausbrennen und Überdruss, Stress und Belastung, Müdigkeit und Erschöpfung – das sind Wasser, die unsere Füße im Beruf umspülen. Am Anfang ist dieser Zustand nicht schlimm. Ich kann mich ja noch aus der Gefahrenzone bringen. Noch habe ich die Aussicht auf den sicheren Rettungskahn. Doch das Wasser steigt. Wenn es mir bis zum Kinn steht, muss ich eine tragfähige Lösung suchen. Veränderung fängt bei mir an. Ich selbst bin der Ausweg aus der Krise. Innere Erschöpfung trägt die Chance in sich, dass ich an mir wachse.

Burnout – innere Erschöpfung im Beruf

Diese Erfahrung musste Hans K., selbstständiger Baufachmann und Inhaber eines Ingenieurbüros, machen. »Ich komme da gar nicht mehr heraus. So war mein Lebensgefühl vor einem halben Jahr. Schon seit Jahren bin ich überlastet. Die Kunden sind heute anspruchsvoll. Sie können bessere Leistung für weniger Geld erwarten; die Konkurrenz ist ja da.

So arbeitete ich oft dreizehn, vierzehn Stunden am Tag, ohne Unterbrechung bis in die Nacht hinein. Ich machte auch am Wochenende Kundenberatung und führte Gespräche auf der Baustelle. Am Montagmorgen erwarteten mich Anrufe, Faxe und Mails mit Nachfragen, Beschwerden und Mängelanzeigen. Mein typischer Arbeitstag sah dann so aus: 8.00 Uhr Besprechung, 9.00 Uhr erste

Baustelle, dann schnelle Fahrt zum nächsten Kundentermin, mittags Verhandlung mit einer Baufirma, anschließend zwei knappe Stunden – viel zu wenig – Planungsarbeit im Büro. Pausen gab es nicht. Ich war immer der Beste. Der Erfolg gab mir recht.

Doch dann ist irgendetwas gekippt. Am Anfang habe ich es gar nicht gemerkt. Das Magendrücken habe ich auf den vielen Kaffee geschoben, mit dem ich mich wach gehalten habe. Dass ich manchmal am Telefon den Kunden gar nicht zuhören konnte, war am Anfang nicht weiter schlimm; ich hatte ja die Dinge im Griff. Dann ist etwas passiert, das mich irritiert hat. Ich hatte einen Konflikt mit einer Mitarbeiterin, die einen Fehler in einer Bauplanung gemacht hatte, der mich sehr viel Geld gekostet hätte. Gott sei Dank habe ich ihn noch rechtzeitig bemerkt. In meiner Kritik war ich alles andere als sachlich. Wegen der schlechteren Konjunktur kam es mir gelegen, sie so fertigzumachen, dass sie freiwillig ging. Mir hat dieses Vorgehen Genugtuung verschafft. Warum musste sie mir solchen Ärger machen? Ist sie doch selbst schuld, dass sie jetzt auf der Straße sitzt. Insgeheim war ich erschrocken über mich, über meinen Ärger und meine Unbeherrschtheit.

Über die Jahre ist der Druck noch gestiegen. Mein Bekanntenkreis schrumpfte. Wie es meinen Kindern in der Schule oder mit ihren Freunden ging, das hat mich in dieser Zeit nicht wirklich interessiert. In stillen Stunden, da habe ich schon Angst gehabt – um die Firma, aber auch um mich. Mit jemandem darüber reden, das ging damals aber nicht. Ich hätte mir ja eingestehen müssen, dass ich nicht der Supermann bin, der alle Dinge beherrscht und sich nicht in die Hosen macht.

Ich hatte Glück im Unglück. Genauer gesagt, ich musste vor vier Monaten erst Schiffbruch erleiden. Als ich es nicht gebrau-

chen konnte, mitten im Sommergeschäft, hatte ich einen leichten Infarkt. Der hat mich aus der Bahn geworfen. Drei Wochen Klinik und dann noch vier Wochen in die Reha! Ich habe gegrübelt, ob ich das überstehen werde. Doch ich habe verständnisvolle Unterstützung gefunden: die Ärzte, die mir deutlich gemacht haben, dass es so nicht weitergeht, das Personal, das mir geholfen hat, meinen Lebensstil zu ändern, meine Gesprächstherapeutin, mit der ich an meiner inneren Einstellung gearbeitet habe. Ich musste mich gewaltig umstellen.

Heute ist mir bewusst, dass ich Leistung bringen musste, um vor mir zu bestehen, und das ging über die Arbeit viel besser als über meine Kontakte und Beziehungen oder gar über mich selbst. Heute freue ich mich daran, dass eines meiner Kinder eine musikalische Begabung hat, die mich nicht nur Geld kostet. Einen meiner Ingenieure habe ich mir als Partner in die Firma geholt. Heute mache ich jeden Tag eine Mittagspause, esse zusammen mit meiner Frau. Wir sprechen über Dinge, die wir seit Jahren nicht mehr besprochen haben. Ich lebe wieder und werde nicht mehr gelebt.

Das Umdenken ist immer noch mühsam – zu tief sitzen die Antreiber, die mich perfekt sein lassen wollen. Ich lerne: da sein ist oft besser. Lebensqualität finde ich sowohl in der Arbeit als auch zu Hause.«

Hans K.'s Berufsweg ist typisch für eine Burnoutkarriere. Er hat idealistisch begonnen und gerät allmählich in einen Prozess der inneren Erschöpfung. Arbeit, Erfolge und Termine überschwemmen ihn. Seine Kreativität lässt nach. Sein Leben verblasst: Arbeitsfreude, Kundenkontakte, Zusammenarbeit und Beziehungen veröden. Am Ende kommt es fast zum Zusammenbruch. Innerlich müde, erschöpft, ja leer ist er geworden. Doch das Ausbrennen ist für ihn ein Wendepunkt. Er findet in der Krise einen Weg zu sich selbst, zu mehr Stimmigkeit, mehr Leben und Menschsein.

Wer brennt aus?

Burnout, der beruflich bedingte Überdruss, kann durchaus in anderen Lebensbereichen wie in der Hausarbeit oder der Ehe entstehen. Hier aber will ich das Ausbrennen in der beruflichen Tätigkeit beschreiben. Ausbrennen betrifft besonders Menschen, die verantwortungsvoll mit anderen Menschen umgehen. Ausbrennen ereignet sich in der Arbeit mit Menschen und in Situationen, die emotional fordern und chronisch überfordern.

Damit habe ich zwei Faktoren benannt: Von Menschen, die mit anderen Menschen umgehen, wird eine partnerschaftliche und *menschenfreundliche Grundhaltung* erwartet. Sie müssen positive Gefühle, Zeichen der Hinwendung und Fürsorge geben, auch wenn ihnen nicht danach zumute ist. Solche Beziehungen erleben wir in sozialen und helfenden Berufen, aber auch bei Selbstständigen, die wie Hans K. auf die Wünsche ihrer Kunden eingehen müssen, bei Angehörigen des öffentlichen Dienstes oder der Verwaltung. Lehrkräfte finden sich in einer Position, dass sie immer wieder auf die Schüler eingehen müssen und es keinem recht machen können, weder den Schülern noch den Eltern noch der Schulleitung.

Zugleich kommt ein zweiter Faktor ins Spiel, der für das Ausbrennen disponiert: *Verantwortung*, Leistungsbereitschaft und intensive Beschäftigung mit dem Beruf. Der Unternehmer findet keine innere Distanz zu seiner Arbeit mehr. Er kann nicht mehr abschalten. Er gibt alles. Er ist ja auch für seine Angestellten verantwortlich. Deswegen ist er immer im Dienst. Anspruchsvolle und abwechslungsreiche Tätigkeiten schützen nicht vor dem Ausbrennen; offensichtlich ist es hier die ständig neue Anforderung und Leistungserwartung, die als belastend erlebt wird.

Hans K. hat mit Erstaunen festgestellt, dass er eine negative Einstellung zu seinem Beruf entwickelt hat. Nichts stimmt mehr. Sein Anfangsenthusiasmus und sein ursprünglicher Idealismus sind verflogen. Seine Einstellung zu Leben und Beruf ist destruktiv und pessimistisch geworden. Der Erfolg bleibt aus. Zuerst fühlt er sich nicht mehr ganz wohl, dann gerät er in einen Strudel von Stagnation, Überdruss bis hin zum völligen Erschöpftsein. Er ist nicht mehr dazu motiviert, engagiert im Beruf zu arbeiten. Sympathie und Fürsorge für andere Menschen bleiben aus. Dieser Prozess hat sich bis zu dem Punkt gesteigert, dass sein Umgang mit dem anderen Menschen unmenschlich und zynisch wird. Am deutlichsten wird dies für Hans K., als er seine Mitarbeiterin in die Kündigung treibt. Er hat sich verändert. Als er sich im Stillen seine innere Erschöpfung eingesteht, stellt er ernüchtert fest: Er hat keinen Kontakt mehr zu sich selbst. Vertrauen und Zuversicht, die ihn sonst durch das Leben getragen haben, fehlen ihm nun. Misstrauen und Angst überwiegen.

Man ist über den erreichten Erfolg unsicher, strengt sich vermehrt an und erlebt doch nur Misserfolg und Scheitern.

Der Glaube an sich selbst schwindet, es entwickelt sich ein Kreislauf von Resignation und Versagen. Die Kontrolle über das eigene Handeln ist verloren gegangen. Im Extremfall entwickelt sich diese negative Sicht vom Beruf bis hin zu einer Unfähigkeit, den Beruf überhaupt ausführen zu können. Ich bin an meiner Misere schuld und werde immer wieder in meinem Beruf versagen.

Burnout, das Ergebnis chronisch belastender Arbeitsbedingungen, zeigt sich also in einem fortschreitenden Verlust von Idealismus, Energie, Zielstrebigkeit, Kontrolle und Engagement für andere. Das Wohlbefinden wird beeinträchtigt, weil sich eine negative Einstellung zu Beruf und Leben entwickelt hat. Erfahrbar wird dieser Prozess in einer den ganzen Menschen beeinträchtigenden inneren Erschöpfung. Wie dieser Prozess sich entwickelt, müssen wir nun nochmals genauer anschauen.

Der ganze Mensch brennt aus

Ausbrennen äußert sich zunächst in *Anfangsenthusiasmus* und Idealismus. Wer ausbrennt, ist Feuer und Flamme. Voller Idealismus wird die Tätigkeit, anderen Menschen helfen zu wollen, Einfluss auszuüben oder ungerechte Zustände in der Gesellschaft zu beseitigen, begonnen. Man tritt die Stelle in einem Gefühl von unendlicher Kraft an. Tatendrang und der Wunsch, das Beste zu geben, dominieren. Ziele und Fähigkeiten werden leicht überschätzt und sind viel zu hoch gesteckt. Anforderungen und Ertrag der Arbeit stehen in keinem ausgewogen

Verhältnis. Das Gefühl für das, was man nicht kann, ist noch nicht ausgeprägt. Nebenwirkungen werden einfach in Kauf genommen. Persönliche Bedürfnisse treten in den Hintergrund. Soziale Kontakte beschränken sich auf den Umgang mit Kunden und Geschäftspartnern. Enttäuschungen und kleine Misserfolge werden nicht wahrgenommen. Das Wunschdenken überwiegt, Warnsymptome zählen nicht.

Doch irgendwann weicht der Enthusiasmus einer *realistischen Einstellung*. Mit zunehmender Sicherheit etabliert sich die Arbeit auf einem Normalniveau. Der Umgang mit den Ressourcen ist zielstrebig und ökonomisch. Die Beziehungen im Arbeitsumfeld sind gut. Eine realistische Einstellung zum Beruf entwickelt sich. Bleibt man in diesem Zustand, so ist dies Ausdruck einer ausgeglichenen Arbeitszufriedenheit. Man brennt nicht aus.

Doch die Balance kann kippen. Fühlt man sich weiterhin belastet, kommt es zur *Stagnation*. Ziele werden nicht mehr oder nur durch erhöhten Aufwand erreicht. Man legt gesteigerte Aktivitäten an den Tag, leistet freiwillig unbezahlte Mehrarbeit, macht sich unentbehrlich und stellt eigene Bedürfnisse gezwungenermaßen zurück. Doch all die Mühe lohnt nicht. Die Zufriedenheit sinkt, das Engagement wird reduziert. Man realisiert, wie wenig man als Einzelner verändern kann und wie wenig sich die anderen verändern. Das Geben wird zunehmend schwierig. Positive Gefühle weichen emotionaler Distanz. Man reagiert schneller verständnislos und gereizt. Statt für die anderen wirklich da zu sein und ihnen helfen zu wollen, werden diese abgefertigt. Die gute Stimmung über die einst so erfüllende Tätigkeit bleibt aus. Erste Zweifel an sich selbst und am Erfolg stellen sich ein. Körperliche Störungen treten auf und verstärken sich. Ansprüche an die eigenen Bedürfnisse erhöhen sich. Der Wunsch nach mehr Freizeit und nach Zeit mit der Familie wird deutlicher artikuliert. Die ungeregelten Arbeitszeiten und die schlechten Arbeitsbedingungen verärgern. Man arbeitet auf Sparflamme. Die Arbeit fasziniert nicht mehr.

Doch der Rückzug geht weiter. *Frustration* und Überdruss entwickeln sich. Man flieht vor der Arbeit, die schon lange kein Ort persönlicher Befriedigung mehr ist, in die Freizeit. Man erlebt zunehmend die eigene Macht- und Hilflosigkeit und diese steigert sich bis zu dem Gefühl, überhaupt nichts mehr zu erreichen. Komplexe Aufgaben werden einem zu viel. Die sozialen Kontakte nehmen ab und werden belastender. Man vermeidet schwierige Gespräche, streitet sich mit den Kollegen. Man wird zunehmend teilnahmslos, entwickelt Abneigung im Umgang mit den Klienten. Weil die Stimmung abrupt schwanken kann, ist der Überdrüssige kaum noch emotional belastbar. Die eigene Launenhaftigkeit, das ständige Herumnörgeln und das gesteigerte Misstrauen den Leistungen der anderen gegenüber machen einen bei den Kolleginnen und Kollegen auch nicht beliebter. Ein Gefühl von Bitterkeit macht sich breit. Verändern kann man sowieso nichts mehr; die eigene Gleichgültigkeit wird der Umgebung eine Last. Man ist nur noch mit sich selbst beschäftigt; die anderen interessieren nicht. Nicht mehr Phantasie, Kreativität und Fürsorge für den Mitmenschen, sondern Dienst nach Vorschrift beherrschen den Arbeitsablauf. Innerlich hat man gekündigt.

Apathie und Depression stellen sich ein. Die berufliche Erfüllung ist einer Gleichgültigkeit und Leere gewichen. Es kommt zum Stillstand, ja Abbau. Initiativ ist man schon lange nicht mehr. Der Widerwillen gegen sich und die anderen wird zum Widerwillen gegen das Leben. Man ist sich selbst und anderen kaum noch zugänglich. Der Abbau führt zum Leistungsabfall bis hin zur körperlichen und psychischen Erkrankung, die nur noch durch professionelle Hilfe geheilt werden kann. Die Erschöpfung ist total. Matthias Burisch, der bekannteste deutsche Burnoutforscher, beschreibt das Ende im Burnout als eine Zeit der existenziellen Verzweiflung. Die vorübergehende Hilflosigkeit hat sich zur Hoffnungslosigkeit verdichtet. Das Leben ist sinnlos geworden.

Ausbrennen geht an den Lebensnerv. Das ganze Leben scheint zu kippen. Diese Erfahrung führt mich zu drei Kernaussagen und ich lade Sie ein, den jeweiligen Erfahrungsbereich für sich persönlich zu prüfen:

》 Ausgebrannte Menschen sind *körperlich* erschöpft.
Anfangs fordern Sie nur etwas mehr von Ihrem Körper ab. Aber dann gehen Sie zunehmend mehr ruinös mit sich und Ihrem Körper um. Sie handeln Ihrem inneren Körpergefühl zuwider. Eigentlich müsste ich schon längst schlafen, aber diese Aufgabe erledige ich noch. Die leichte Übermüdung morgen packe ich schon. Körperliche Handicaps stellen sich bald ein und können Ihnen als Warnzeichen dienen. Sie werden – wie bei Stress – anfälliger für Krankheiten. Da Sie sich selbst am besten kennen, können Sie auch prüfen, wo Sie anfällig sind: für Magenerkrankungen, Herz- und Kreislaufbeschwerden, Verspannungen, nicht erklärbare Schwindelanfälle. Tagsüber

fällt es Ihnen schwer, sich zu konzentrieren. Falls Sie ausgebrannt sind, fühlen Sie sich müde, jedoch nicht richtig müde wie nach einer großen Anspannung, nach der man die Pause verdient hat, sondern bleiern, erschöpft, oft gepaart mit einem schlaflosen Sichherumwälzen in der Nacht. Es mangelt Ihnen an Energie. Lebens- und Essgewohnheiten ändern sich. Ihr Konsum von Alkohol, Medikamenten und Genussmitteln nimmt zu, bisweilen merken Sie gar nicht, dass Sie damit Ihren Körper schädigen. Sport macht Ihnen schon länger keine Freude mehr; man kann ja auch vorübergehend auf diese körperliche Anstrengung verzichten.

》 Ausgebrannte sind *emotional* erschöpft.

Sie bringen nicht mehr den Enthusiasmus auf, den Sie zu Beginn Ihrer Tätigkeit hatten. Gefühlsmäßig verarmen und veröden Sie. Eigentlich sind Sie ein empathischer Mensch, fähig zu gelingenden und konstruktiven Beziehungen. Sie können sich ganz gut in die Gefühlswelt des Gegenübers hineinversetzen. Doch jetzt ist die Empathie der Unfähigkeit, anderen zu geben, ja sogar einer Kälte und Gleichgültigkeit dem anderen gegenüber gewichen. Trotz ernsthafter Anstrengung bleibt Ihnen der Erfolg versagt. So kann sich in Ihnen der Eindruck mangelnder Anerkennung, ja sogar das Gefühl, ausgebeutet zu werden, verfestigen. Wenn Sie viel mit anderen Menschen zu tun haben, gehen Sie jetzt in die innere Distanz zum Menschen, der immer wieder so viel von Ihnen einfordert und dennoch undankbar ist. Eifersucht und Konflikte nehmen zu, auch bei Ihnen zu Hause. Vielleicht gehen Ihnen die Freunde zunehmend mehr auf die Nerven, weil sie immer etwas mit Ihnen unternehmen wollen, vielleicht ärgern Sie sich über Ihre Kinder mit ihren aufdringlichen Wünschen oder Ihre Partnerin oder der Partner nervt Sie.

Je nach persönlicher Disposition entwickelt der Mensch im Stadium des fortgeschrittenen Ausbrennens entweder Aggression oder Depression. Fragen Sie sich selbst, wofür Sie disponiert sind: Aggressive Ausbrenner sind reizbar und nervös. Ihre Launen sind immer schwerer auszuhalten. Misstrauen schlägt einem von ihrer Seite entgegen und stets ist der andere schuld an einem Problem. Konflikte sind an der Tagesordnung. Depressiv gestimmte Ausbrenner hingegen haben ihre Selbstachtung und ihr Selbstwertgefühl verloren. Sie trauen sich nichts mehr zu, können negative Gefühle wie Ärger nicht mehr aushalten, sind verzweifelt und hoffnungslos. Das Leben ist in eine Sackgasse geraten, aus der es sich nicht mehr herauszukommen lohnt. Sie gehen im Selbstmitleid unter und wollen alleine gelassen werden.

》 Ausgebrannte Menschen sind *geistig* erschöpft.

Fragen Sie sich schließlich, wie es um Ihre geistige Spannkraft bestellt ist. Widerwillen und Überdruss mögen sich bei Ihnen zunächst leise angekündigt haben: in der Unlust, am Montagmorgen zur Arbeit zu gehen, in der Abscheu vor einer Aufgabe (meist einem bestimmten Menschen), im Blick auf die Uhr und im Gedanken auf das nächste Wochenende. Sie kommen gerne fünf Minuten zu spät oder legen Ihren Arbeitsschluss schon einmal vor. Ihre Arbeit, der Kontakt zu Klienten und Kollegen interessiert Sie nicht mehr richtig. Bereits der Gedanke an Ihre Arbeit macht Sie müde. Sie behalten Ihre

Stelle, weil diese den Lebensunterhalt sichert oder weil es keine anderen beruflichen Alternativen gibt. Ihre Lust und Freude an der Arbeit sind einer Unlust gewichen. Ihre Arbeit ist immer weniger befriedigend und es stellt sich immer weniger der Glaube an den Sinn einer Arbeit ein. Innere Kündigung ist nicht ferne.

Ausbrennende entwickeln eine negative Einstellung zu sich selbst, zu ihrer Arbeit und zum Leben überhaupt. Selbstwert und Selbstachtung sind gesunken. Lebenspläne und Lebensperspektiven gehen verloren. Haben Sie die inneren Prinzipien, die Ihre Arbeit bestimmt haben, aufgegeben? Gibt es umgekehrt innere Programme, von denen Sie Abschied nehmen müssen, Sätze wie: »Meine Arbeit ist mein Leben. Baue auf Dich selbst. In meinem Beruf muss ich uneingeschränkt kompetent sein. Ich bin bereit, jedermann zu helfen. Für mein Selbstwertgefühl ist es erforderlich, dass ich von allen gemocht werde. Negative Rückmeldung zeigt an, dass ich etwas falsch mache. Ich werde ans Ziel kommen, selbst wenn es mich umbringt.«?

Mensch und Arbeit im Ungleichgewicht

Innere Müdigkeit und Teilnahmslosigkeit können zur Langeweile führen. Diese Langeweile zeigt sich auch bei einem Gegenspieler des Ausgebrannten, beim Menschen, der sich und seine Berufung – auch wenn er es nach außen hin verleugnet – in der Arbeit innerlich aufgekündigt hat. Es gibt kaum eine Abteilung, kaum eine Firma, in der Mitarbeitende sich »durch-

Burnout

schonen«. Meist wirken diese Menschen sehr geschäftig. Sie sind immer aktiv, bringen aber keine echte Leistung mehr. Sie sind wie totes Holz am Baum – zwar noch mit dem Stamm verbunden, aber nicht mehr Frucht tragend. Stundenlang surfen sie im Internet, stehen an Kopierer oder Kaffeemaschine herum, arbeiten über Monate an einem neuen Projekt. Manchmal sind sie unterfordert; nach zwei Stunden ist das Arbeitspensum erledigt und die Geschäftigkeit wird mit anderen Arbeiten fortgesetzt. Manchmal quillt ihr Büro über; Skizzen werden an einer Flipchart präsentiert – manchmal ein ganzes Jahr lang. Doch in Wirklichkeit sind solche Mitarbeiterinnen und Mitarbeiter in einen Strudel von Langeweile, Unterforderung und Desinteresse geraten. Innerlich haben sie gekündigt – sie tun aber so, als ob sie vielbeschäftigt wären. Sie nehmen ihre Leistung zurück, aber stillschweigend, um nicht ihren Arbeitsplatz zu gefährden. Die Gründe können im Wesentlichen zweierlei Ursachen haben: Entweder hat man diesen Beruf aus falschen Motiven – wie zum Beispiel Arbeitsplatzsicherheit – gewählt oder Arbeitsumfeld und Anforderungen passen nicht mehr. Das Arbeitsumfeld stellt keine ausreichende Vision mehr zur Verfügung; es gibt kein Bekenntnis der Unternehmensführung zum Sinn gemeinsamen Tuns. Man fühlt sich in den Aufgaben, die der Chef setzt, unterfordert. Anderen werden die herausfordernden Tätigkeiten zugewiesen. Die ursprünglich abwechslungsreiche Arbeit ist fade geworden und wird mit Routine erledigt. Man hat die Entwicklung verschlafen und stellt sich neuen Anforderungen nicht mehr. Anerkennung fällt deshalb aus. Die Folgen von innerer Kündigung und Langeweile sind denen des Ausbrennens sehr ähnlich: Man wird krank, bekommt Angst, sieht keinen Sinn mehr in der Arbeit, vertraut nicht mehr in die eigenen Fähigkeiten. Doch diesen eigentlich trostlosen Zustand will man nicht verändern und hält ihn klaglos aus. Die innere Langeweile verhindert Leben und macht einen müde.

Ausgebrannte Organisationen

Zurück zu Burnout und innerer Erschöpfung. Wer trägt nun die Verantwortung für diese missliche Lage? Ausbrennende, durch den Umgang mit sich und anderen Menschen für die kritischen Zeiten des Lebens sensibilisiert, schreiben in der Regel sich die *Schuld* an ihrer schwierigen Lebenssituation zu. Ihre Persönlichkeit macht sie häufig selbstbezogen und sensibel für ihre eigenen Belange. Weil sie es gelernt haben, Verantwortung wahrzunehmen, wollen sie auch vor der Verantwortung für sich selbst nicht ausweichen. Dadurch, dass sie einfühlungsbegabt sind, haben sie in der Krise ein Gespür für ihr eigenes inneres Erleben. »Was habe ich falsch gemacht?«, fragen sie sich. Sie klagen sich selbst an, fangen an zu zweifeln, ob sie für diese Aufgabe überhaupt geeignet sind, und verlieren Selbstvertrauen. Sie suchen den Fehler bei sich. So wundert es mich nicht, dass berufliche Erschöpfung als ein Problem der Betroffenen gesehen wird und das Mitwirken des Umfeldes wenig Beachtung findet.

Ausbrennen ist keine Persönlichkeitsschwäche, sondern ein berufliches Problem. Ich bin entschieden der Meinung, dass die *Umstände* Ausbrennen mit auslösen, dass die überfordernden und nicht nachlassenden Belastungen von außen her auf disponierte Persönlichkeiten treffen. Ausbrennen ist meist nicht alleine auf die Schuld des Einzelnen zurückzuführen, sondern ebenso auf die sozialen und strukturellen Bedingungen der Arbeit. In diesem Sinne kommen nicht nur Beziehungen und persönliches Erleben, sondern auch das Arbeitsumfeld und gesellschaftliche Faktoren ins Spiel. Christina Maslach und ihr Team benennen sechs Missverhältnisse von Mensch und Arbeit, die das Ausbrennen verursachen, Missverhältnisse, die schon in den eingangs gestellten Fragestellungen aufgetaucht sind und die deutlich machen, dass das Kräfteverhältnis zwischen dem arbeitenden Menschen und der Umwelt nicht mehr stimmt.

Fragen Sie sich selbst, ob einige dieser Missverhältnisse auf Sie zutreffen:

》 *zu große Arbeitsbelastung*, die einem die Balance zwischen Arbeit und anderen Lebensbereichen wie Freizeit, Familie und sinnvollem Tun nimmt und einen nur noch auf die Arbeit fixiert sein lässt.

》 *Mangel an Kontrolle*, weil man sich ferngesteuert fühlt und die Arbeit nicht mehr selbst gestalten kann.

》 *unzureichende Belohnung*, weil nicht nur die Kasse nicht mehr stimmt, sondern einem auch die innere Motivation verloren gegangen ist.

》 *mangelnde Fairness und Gerechtigkeit*, weil man sich übervorteilt fühlt und die Skepsis anderen gegenüber wächst.

》 *Zusammenbruch an Gemeinschaft*, der zur Vereinsamung führt.

》 *fehlende Werte und Prinzipien*, die die persönliche Weltsicht bedrohen.

Diese Bedingungen geben uns einen Hinweis, dass Organisationen selbst eine Kultur des Ausbrennens fördern und kranke Strukturen entwickeln können. Da steigt der Krankenstand überdurchschnittlich und auch die gesunden Mitarbeitenden sind nicht imstande, ihre Leistungsfähigkeit zu erhalten. Aufgaben werden mehr schlecht als recht erledigt. Die Leistung stimmt nicht mehr. Das Betriebsklima verschlechtert sich; es macht sich eine schlechte und depressive Stimmung breit. Man glaubt nicht mehr so recht an die Zukunft.

Deutlich wird mir solch eine kollektive Depression in einer Organisation, in der ich eine Reihe von Mitarbeitern begleitete, während man sich in einem radikalen Umstrukturierungsprozess befand. Fast hundert Mitarbeiter, etwa ein Fünftel, waren von der Kündigung bedroht. Es wurde ein radikales Sparkonzept umgesetzt, das Einsparungen bis zu einem Drittel innerhalb eines Jahres vorsah. Trotz markiger Zukunftsparolen der Unternehmensleitung hatte sich schnell Angst breitgemacht. Werde ich der Nächste sein? Gerüchte gewannen die Oberhand. Fusionen von Abteilungen wurden nur widerwillig vollzogen. Die Leistungen fielen ab.

Den deutlichsten Bezug zu einem kollektiven Burnout gewann ich aber durch die Einsicht, dass es in dieser Organisation offensichtlich keine Zukunft mehr gab. »*Wir werden in den nächsten Jahren sowieso scheitern*« – *war die oft gehörte Äußerung. Viele Leistungsträger verließen die Organisation wie die Ratten das sinkende Schiff...*

So gibt es Dynamiken, die Ausbrennen in einer Organisation fördern können und diese selbst krank machen können:

》 Da stellt man an sich selbst fest, dass man von *innerer Kündigung und Müdigkeit* bedroht ist. Man ist mit diesem Gefühl aber nicht alleine – auch anderen geht es so. Verantwortliche können sich des Eindrucks nicht erwehren, dass Mitarbeiter dem Unternehmen den Rücken kehren – aktiv und passiv.

》 *Krankenstand* und Abwesenheitszeiten nehmen zu. Mag man in der akuten Bedrohung des Arbeitsplatzes noch eine Krankmeldung vermeiden, so sind nun deutlich mehr Mitarbeiterinnen und Mitarbeiter wirklich krank.

》 Mitarbeitende fühlen sich falsch oder unzureichend informiert, fühlen sich an der Entwicklung ihrer Organisation nicht mehr beteiligt. Man *kommuniziert nicht mehr offen.* Es findet kaum noch inhaltlicher Austausch statt. Dafür häufen sich die Gerüchte, auch der Buschfunk funktioniert. Stundenlang ist man damit beschäftigt, Halbwahrheiten darüber auszutauschen, was mit der Abteilung passieren könnte.

» Die *Konflikte* häufen sich. Der Umgangston wird härter. Das Betriebsklima wird depressiver. Man weiß nicht mehr recht, wofür man sich engagiert.

» Und schließlich geht der *Wert- und Sinnhorizont* in der Organisation *verloren*. Weil die Mitarbeitenden nicht mehr wissen, wann die nächste Umstrukturierung kommt und welche Konsequenzen sie dann tragen müssen, haben sie Angst und verlieren in ihrer Arbeit eine sinnvolle Perspektive. Sie haben keine Zukunft mehr.

Und Gott?

Bisher habe ich beschrieben, wie Ausbrennen persönlich erlebt wird und sich über die Person hinaus in Arbeitsprozessen und in der Organisation festsetzt. Am Ende beider Prozesse steht die Einsicht, dass der Sinn des eigenen Tuns und die Zukunft des Ganzen bedroht sind. Diese Feststellung führt mich zu einer weiteren Perspektive: Wird im Ausbrennen nicht immer wieder die Weltsicht bedroht? Hängen nicht Ausbrennen und Spiritualität zusammen?

Kehren wir nochmals zur Moseerzählung zurück. Mose ist nicht nur innerlich müde und erschöpft. Er ist nicht nur in der Verantwortung überlastet. Er brennt nicht nur an seinem murrenden Volk aus. Sondern er offenbart uns eine Erschöpfung, die den spirituellen Menschen befallen kann. Mose ringt mit seinem Gott und wächst daran (vgl. Num 11,16–35).

Burnout

Denn was tut Gott? Den drei Vorwürfen des Mose stehen drei Gegenmaßnahmen Gottes entgegen. Erstens: Gott offenbart sich ihm. Zweitens gibt er Mose den Auftrag: »Suche Dir zweiundsiebzig Männer, alte und erfahrene, von Lebensweisheit getragene Menschen mit Würde und Kompetenz, Verantwortliche, die einschätzen können, was dran ist, und ich gebe ihnen etwas von meinem und deinem Geist.« Und drittens fordert Gott ihn auf: »Teile Deine Verantwortung. Gib ab und schultere nicht alles alleine.«

Dazu muss sich Mose vom Volk absondern. Die Lösung findet an einem Gegenort statt, nicht an der Lagerstätte götzendienerischer Völlerei, sondern am Ort der neuen Lebenskraft. Er sammelt sich mit den Siebzig um Gottes Zelt. Gottes Geist wirkt. Aus dem Stillstand ist ein Aufbruch geworden. Gott gibt Moses Berufung neuen Sinn, indem er ihm vermittelt: »Ich lasse Dich nicht allein. Ich bin immer bei Dir.«

Mir machen diese Zusagen Mut. Denn ich kann darum ringen, was meiner Arbeit Sinn gibt. Wenn ich erschöpft zu fragen beginne, warum ich all die Mühe auf mich nehme, wenn meine Weltsicht zu wanken beginnt, wenn meine Skepsis mich zu überwältigen droht, dann kann ich mir sagen: »Du musst die Verantwortung, die nur du alleine zu haben glaubst und die dir Stress macht, gar nicht alleine schultern. Gib ab: Aufgaben, die auch andere gut machen können, Zeit, mit der du dich unter Druck setzt, das Gefühl, nur du könntest diese Sache richtig machen, einige von den Dingen, die dir im Alltag Stress machen. Geh in den Abstand und vieles wird sich relativieren. Der Druck, mit dem du dich wichtig nimmst, wird sinken. Das Gefühl, du müsstest immer dabei sein, wird schwächer werden.

Die überhebliche Verantwortung, nur du könntest es richten, wird sich als leer erweisen. Du wirst dabei mit deiner Grenze konfrontiert und dich verändern. Lasse dich auf andere ein und sie werden die Verantwortung mit dir teilen. Du kannst eine neue Einstellung zu deiner Aufgabe finden und einen Neuanfang wagen.«

Innere Erschöpfung

*Die Müdigkeit war jetzt mein Freund. Ich war wieder
da, in der Welt, und sogar ... in ihrer Mitte.*
Peter Handke, Versuch über die Müdigkeit

Spirituelle Ermüdung und Erschöpfung, innere Müdigkeit und *Trägheit der Seele* sind der geistlichen Tradition nicht fremd. Die alten Mönchsväter haben diese Traurigkeit, die das bisherige Leben, auch das religiöse, an eine Grenze bringt und einen innerlich verzweifeln lässt, Trägheit – Akedia – genannt. Diese Trägheit der Seele tritt auf dem Glaubensweg vieler Menschen auf. Traurigkeit und Trägheit befällt einen. Ein abgrundtiefes Gefühl der Überflüssigkeit und des Überdrusses sucht einen heim. Missmut über das, was man bisher getan hat, und das, was andere tun, macht sich breit. Was bisher wichtig war, macht auf einmal keinen Sinn mehr. Der bisherige Lebensentwurf wird in Frage gestellt. Lebensinhalt geht verloren. Tiefer Lebensekel macht sich breit. Man hat keine innere Kraft mehr, sein Leben zu gestalten. Die Seele ist krank, von Bitterkeit überflutet. Die Widerstandskräfte sind gebrochen, die Spannkraft der Seele ist erschöpft.

Die Väter und Mütter geistlichen Lebens weisen darauf hin, dass diese Erschöpfung eine besondere spirituelle Prüfung ist. Religiöse Bräuche und der bisher eingeschlagene Weg des inneren Übens werden auf einmal sinnlos. Die religiöse Gemeinschaft, die bisher getragen hat, ist nun ein Ort des Unglaubens. Die anderen sind mit ihrem oberflächlichen Verhalten doch nur Pharisäer. So wie die beten! Nein, das kann ich nicht mittragen. Der alte Gottesglaube war doch nur ein Trugschluss!

Überdruss in der Arbeit

Spirituelle Erschöpfung setzt an den Erfahrungen alltäglichen Stresses und allmählichen Ausbrennens an, auch in der Arbeit. In der Arbeit ganz aufzugehen kann Ausdruck einer spirituellen Fehlhaltung sein. Da sind die destruktiven Gedanken, die einen auf einmal heimsuchen und nicht in Ruhe lassen. Ist meine berufliche Aufgabe wirklich die richtige? Ist das, was ich bisher getan habe, nicht sinnlos, eine unnütze Verschwendung meiner Kraft? Am liebsten möchte ich alles hinwerfen. Unruhig bin ich in meinem Arbeiten, hin und her geworfen von meinen Gedanken, und am Ende des Tages ist nichts Gescheites dabei herausgekommen. Am besten ist es, ich lösche alle Dateien wieder, die ich heute erstellt habe. Meine Arbeit nimmt sowieso keiner wahr. Überhaupt, die Kolleginnen und Kollegen, vor allem mein Chef: Täuschen sie nicht ihrerseits Geschäftigkeit

Innere Erschöpfung

und Erfolg vor? Warum vertragen die sich besser untereinander als mit mir?

Wie wir nun mit diesen Gedanken umgehen, daran entscheidet sich, ob uns die spirituelle Erschöpfung in die Verzweiflung treibt oder ob wir an ihr wachsen. Denn an ihrem Ende kann die Verzweiflung stehen – auch in der Arbeit. Doch vorher kommen Überdruss und spirituelle Erschöpfung in vielen Gestalten daher: Sie suchen einen in der Unruhe und der Unstetigkeit des Geistes heim. Eine Tätigkeit, die man begonnen hat, unterbricht man ständig und vollendet sie nicht. Vorgetäuschte Betriebsamkeit ist Ausdruck der Unrast und inneren Ruhelosigkeit. Unentschieden geht man an eine Aufgabe heran. Man führt eine Sache aus, ohne vorab geklärt zu haben, was man erreichen will und wie man vorgehen wird. Das Augenmaß fehlt. Gleichgültigkeit und Langeweile stellen sich ein. Während früher einen die Aufgabe gereizt hat, ist diese jetzt eintönig geworden. Immer und immer wieder einen Arbeitsschritt zu wiederholen nervt. Dass man sich für andere engagieren oder ein hehres Ziel erreichen wollte, das war einmal. Unlust macht sich breit. Die Aufgaben ermüden einen. So hat man keine rechte Lust mehr, sich an eine neue Aufgabe heranzumachen. Man hat Streit mit anderen. Die Konflikte in der Arbeit nehmen zu. Man ist erstaunt, wie streitsüchtig man geworden ist. An den Dingen, die die anderen tun, ist immer etwas auszusetzen. Einem anderen gönnt man den Erfolg nicht. Man wird einsam. Durch das ständige Kritisieren und Herumnörgeln macht man sich zum Außenseiter. Wenn das Verhalten anderer rücksichtslos schlechtgemacht wird, dann führt das zum Rückzug voneinander und in sich selbst. Die Isolation nimmt zu. Und schließlich verändert innere Erschöpfung einen in der Einstellung zur Arbeit. Die Arbeit gelingt nicht mehr. Am liebsten möchte man sie aufgeben oder wenigstens den Beruf wechseln. So quält man sich von Tag zu Tag. Die Sehnsucht nach einem anderen Lebensstil ist ins Unermessliche gestiegen. Die Verzweiflung nimmt zu. Auch in der Seele.

Dass innere Verzweiflung durch eine falsche Einstellung zur Arbeit entstehen kann, davon berichtet Myron Rush. Er hatte über lange Zeit zu viel gearbeitet, unausgeglichen gelebt und seine Ehe aufs Spiel gesetzt. Jetzt erzählt er:

»Ich betrat die Wohnung, warf meinen Mantel über eine Stuhllehne und verriegelte die Tür. Auf dem Weg zum Wohnzimmer nahm ich den Telefonhörer von der Gabel. Dann zog ich die Vorhänge zu, ließ mich in einen der weichen Sessel fallen und schloss die Augen. Wenn man – wie ich es so lange tat – eine Kerze an beiden Enden abbrennt, erlischt sie nun einmal schneller. Mein Leben schien stockdunkel – ich war physisch und psychisch, geistig und geistlich am Ende! (...)

Meine Stimmungslage bestürzte mich. Ich war immer ein sehr positiv eingestellter, hochgradig motivierter, erfolgsorientierter Mensch gewesen. Und da saß ich nun in einem dunklen Appartement, und es war mir völlig gleichgültig, ob ich jemals wieder zur Tür hinausgehen würde. Mein Selbstvertrauen war dahin. Meine Ziele hatten sich in Luft aufgelöst. Die Liebe und die Anteilnahme, die ich einmal für andere Menschen empfunden hatte, waren in Abneigung und Verdruss umgeschlagen.«

Und als ob das noch nicht genug wäre, stellt er fest, dass sich sein Glaube verändert hat:

»Und das Erschreckendste von allem: aus meiner einst heißen Liebe zu Gott war Apathie geworden. Ich öffnete die Augen, erhob mich aus dem Polstersessel, ging einige Minuten in der Wohnung auf und ab und kam schließlich ins Badezimmer. Ich starrte auf mein Spiegelbild und dachte: Wo ist der Mensch geblieben, den ich kannte? Alles, was ich sah, war das leere Schneckenhaus, das ich zurückgelassen hatte. Ich war wirklich ausgebrannt!« (Rush, 7f)

Spirituelle Erschöpfung – ein Wendepunkt

»Meine heiße Liebe zu Gott war Apathie geworden«, sagt Myron Rush über sich selbst. Unter dem Druck der Aufgaben lässt er seinen Glauben fahren. Anfangs ist er abgelenkt. Er ist überbeschäftigt und sorgt sich nicht mehr um seine Seele. Er gibt sich auf. Er verliert sein Fundament. In seiner Seele erlischt der nährende Funke. Im Verschleiß der Seele ist sein Glaube müde geworden. Innere Erschöpfung und *Glaubensverlust* gehen Hand in Hand. War es Gott, der bisher sein Leben getragen hatte, so ist ihm nun der Boden unter den Füßen weggerissen. Er hat keine Hoffnung mehr, dass Gott ihn durch sein Leben trägt. Sinn und Ziel seines Lebens hat er verloren. Seine Weltsicht, die seinem Leben und Arbeiten einen Sinn gegeben hat, stimmt nicht mehr. Das Gefühl der Verzweiflung – nackter Blick in den leeren Spiegel seiner selbst – führt ihn zu einem Verlust seines Glaubens an die Güte Gottes.

Ein Endpunkt des geistlichen Weges ist erreicht. Es ist ein Abschied vom vertrauten Gott, ein Abschied, der sich erst leise angekündigt hat und dann immer mächtiger um sich greift.

Was einmal wertgeschätzt wurde – Riten, Bräuche, religiöses Leben –, wird jetzt hinterfragt und manchmal auch einfach abgelegt. Die religiösen Konventionen haben keinen Sinn mehr. Das Gebet tröstet nicht mehr. Rituale geben keinen Trost mehr und werden nicht mehr geübt. Es besteht die Gefahr, alles hinzuwerfen und sein religiöses Leben aufzugeben.

Gott ist verdunstet, inmitten all der Geschäftigkeiten des Alltags weggetrocknet. Leise durchlebt man einen Abschied vom vertrauten Gott, genauer zunächst vom Gottesbild und von Gotteserfahrungen, die einen bisher geprägt haben. In der Krise, in der Konfrontation mit den Grenzen hilft einem der Gott, der machtvoll in das Leben eingreift, nicht mehr. Man zieht mit seinem Gott ins Gericht, schimpft IHN an. Warum muss ich dieses Leben führen? Die anderen, die haben es doch viel einfacher als ich! Warum lässt Du mich diese Traurigkeit und Müdigkeit durchstehen? Gott gerät auf den Prüfstand, bitter und verzweifelt möchte man sich am liebsten von ihm verabschieden. Aber der HERR schweigt.

Es ist Leere der Seele, Apathie und Gleichgültigkeit. Es ist Ohnmacht, man ist angefochten und bezweifelt, ob es überhaupt Gott gibt, wenn er einen so schmählich alleine lässt. Hat sich mir Gott entzogen? Es herrscht Trauer über die verlorene Allmacht der eigenen Kraft, des eigenen Lebens, des Gottes, von dem ich mir ein Bild gemacht habe. Es herrscht Trauer, dass man alleine ist und am Leben verzweifelt.

Doch tief unten in der Leere des Herzens regt es sich. Die eigene Trauer wird zur gottgewollten Trauer, die in der Stille, tief im Innersten neues Leben aufbauen will. »*Das eine ist mir so klar und spürbar wie selten*«, hat Alfred Delp in der Trostlo-

Innere Erschöpfung

sigkeit der Todeszelle geschrieben. »*Die Welt ist Gottes so voll. Aus allen Poren der Dinge quillt er gleichsam uns entgegen. Wir aber sind oft blind. Wir bleiben in den schönen und in den bösen Stunden hängen und erleben sie nicht durch bis an den Brunnenpunkt, an dem sie aus Gott herausströmen. Das gilt ... für alles Schöne und auch für das Elend. In allem will Gott Begegnung feiern.*« (Delp, 17.11.1944)

So geschieht in der Leere der eigenen Seele, dort, wo das eigene Anpacken und Leisten ans Ende gekommen sind und ich in mein nacktes Selbst schaue, ein stilles Wunder. Es ereignet sich eine innere Umkehr: Ich muss meinen Gott fahren lassen, vielleicht sogar in der Verzweiflung auf jegliche Antwort nach Gott verzichten, um in der Seele neue Kraft, Gelassenheit und Ruhe zu finden. In der Stille des Herzens findet sich Gott. Es geschieht die Vorbereitung der Seele auf ein neues Vertrauen und eine neue Einfachheit im Leben. Ich finde, wenn ich dort bleibe, zu meiner inneren Berufung zurück. Es geschieht etwas an mir. Ich komme wieder in Kontakt mit meiner inneren Kraft.

Das Machenmüssen ist zum Sich-geben-Lassen geworden. Sich in dieser Begrenztheit von Gottes zuvorkommender Gnade beschenken zu lassen, gehört zu jenem schmerzvollen geistlichen Prozess, der uns neu öffnet für Gott und uns für neues Leben qualifiziert. Dieser Prozess geschieht nicht ohne Enttäuschungen, Angst, Schmerzen ...

Elijas Müdigkeit

Von einem, der auszog, die Götzen und ihre Propheten das Fürchten zu lehren, und sich am Ende in der Leere fand, erzählt die folgende Geschichte:

Elija geriet in Angst, machte sich auf und ging weg, um sein Leben zu retten. Er kam nach Beerscheba in Juda und ließ dort seinen Diener zurück.

Er selbst ging eine Tagesreise weit in die Wüste hinein. Dort setzte er sich unter einen Ginsterstrauch und wünschte sich den Tod. Er sagte: Nun ist es genug, Herr. Nimm mein Leben; denn ich bin nicht besser als meine Väter. Dann legte er sich unter den Ginsterstrauch und schlief ein. Doch ein Engel rührte ihn an und sprach: Steh auf und iss! Als er um sich blickte, sah er neben seinem Kopf Brot, das in glühender Asche gebacken war, und einen Krug mit Wasser. Er aß und trank und legte sich wieder hin. Doch der Engel des Herrn kam zum zweiten Mal, rührte ihn an und sprach: Steh auf und iss! Sonst ist der Weg zu weit für dich. Da stand er auf, aß und trank und wanderte, durch diese Speise gestärkt, vierzig Tage und vierzig Nächte bis zum Gottesberg Horeb. (1 Kön 19,3–8)

Was war passiert? Elija, Prophet aus dem unbekannten Tischbe, hatte sich gegen König Ahabs Frau Isebel, die die heidnischen Götzenkulte wieder hoffähig machen wollte, erhoben. Feuer und Flamme war er für den HERRN. Wie ein Feuer, das einmal Nahrung gefunden hat, alles entflammt und auffrisst, so hatte sein Wort gewaltige Kraft entfaltet, ein feuriger Ofen (vgl. Jes Sir 48,1): Im Auftrag Gottes kündigte er den Abtrünnigen das Gericht Gottes an. Dem Volk hatte er Dürre

Innere Erschöpfung

und Hungersnot angesagt und diese war auch eingetreten. Zum Erweis der Macht Gottes hatte er Feuer vom Himmel regnen lassen. Sein Opfer fand Gottes Gefallen, das der falschen Priester nicht. Auf dem Höhepunkt seiner Macht hatte er vierhundert Priester des Baal umbringen lassen. Er war der Kämpfer für Gott.

So brennt er in Leidenschaft für Gott und sein Volk, er glüht im Eifer für den HERRN. Doch das Blatt wendet sich. Seine Prophetenkarriere wird jäh unterbrochen. Man will ihm ans Leben. Elija flieht vor der totalen Niederlage: Die brutale Ermordung seiner religiösen Gegner hatte ihm nicht den erhofften Erfolg verschafft. Im Gegenteil, Gottes Prophet ist selbst vom Tod bedroht. So flieht er vor der drohenden Niederlage. Er gerät in Angst und kann nur noch das tun, was die skrupellose Isebel beabsichtigt. Er muss in die Wüste fliehen. Nach dem gigantischen Erfolg kommt der seelische Zusammenbruch. Alle Kräfte hatte er aufgebracht, doch jetzt kollabiert er. Er ist enttäuscht, hatte er sich doch in Sicherheit geglaubt und gehofft, die Königin bekehren zu können. Aus! Vorbei! Sie fügt ihm Leid zu. Im Namen ihrer Götter droht sie ihm nun mit dem Tode. Nach dem Triumph kommt das Scheitern. Er erkennt, dass alle seine Macht, alle seine gewaltigen Taten ihm keinen Schutz mehr geben können.

Er ist auf sich gestellt. Alle Enttäuschung der Welt macht sich in ihm breit. Ohnmächtig ist er. So fällt er in die Verzweiflung und in die Nacht der Seele. Er ist am Ende, ohne Hoffnung. Seine Seele ist müde geworden. Keiner soll bei ihm sein. Er rechnet mit seinen Vätern ab; den Urwunsch, es besser zu machen als die Generationen vor ihm, gibt er auf. Er resigniert.

Er wünscht sich zu sterben. In Todessehnsucht klagt er vorwurfsvoll seinem Gott: »Nun ist's genug, DU! Ich kann nicht mehr. Du hast mich getäuscht und enttäuscht.« Sein Gebet ist ein Gebet der Bitternis und Angst, ausgesprochen in Todesnot, dem Psalmbeter gleich: »*Meine Seele ist gesättigt mit Leid, mein Leben ist dem Totenreich nahe. Schon zähle ich zu denen, die hinabsinken ins Grab, bin wie ein Mann, dem alle Kraft genommen ist.*« (Ps 88,4f) Wer sich so den Tod wünscht, weiß sich nicht mehr mit Gott verbunden; Lebensfreude und Gottessehnsucht gehören nicht mehr zu ihm. Kraftlos lässt er sich fallen. Dem Wort folgt die Tat. Er schläft unter dem Ginsterstrauch ein. Alleine, nur auf sich gestellt und ohne seinen treuen und hellsichtigen Diener legt er sich hin und wünscht sich den Todesschlaf.

Doch im Augenblick tiefster *Resignation* werden ihm Trost und Heilung geschenkt. Gott hat seinen verzweifelten Propheten erhört. ER schickt ihm einen Engel, der ihm Wasser und Brot, Zeichen göttlicher Fürsorge, gibt. Der Engel fordert ihn gleich zweimal auf, zu essen und zu trinken. Elija ist viel zu erschöpft, um sofort aktiv zu werden. Es ist ein allmählicher Prozess, der ihn zum Aufbruch stärkt. In der Kraft der Speise macht er sich auf zum Horeb.

Unterwegs zu Gott
Dort ging er in eine Höhle, um darin zu übernachten. Doch das Wort des Herrn erging an ihn: Was willst du hier, Elija? Er sagte: Mit leidenschaftlichem Eifer bin ich für den Herrn, den Gott der Heere, eingetreten, weil die Israeliten deinen Bund verlassen, deine Altäre zerstört und deine Propheten mit dem Schwert getötet

Innere Erschöpfung

haben. Ich allein bin übrig geblieben und nun trachten sie auch mir nach dem Leben. Der Herr antwortete: Komm heraus und stell dich auf den Berg vor den Herrn! Da zog der Herr vorüber: Ein starker, heftiger Sturm, der die Berge zerriss und die Felsen zerbrach, ging dem Herrn voraus. Doch der Herr war nicht im Sturm. Nach dem Sturm kam ein Erdbeben. Doch der Herr war nicht im Erdbeben. Nach dem Beben kam ein Feuer. Doch der Herr war nicht im Feuer. Nach dem Feuer kam ein sanftes, leises Säuseln.

Als Elija es hörte, hüllte er sein Gesicht in den Mantel, trat hinaus und stellte sich an den Eingang der Höhle. Da vernahm er eine Stimme, die ihm zurief: Was willst du hier, Elija? Er antwortete: Mit Leidenschaft bin ich für den Herrn, den Gott der Heere, eingetreten, weil die Israeliten deinen Bund verlassen, deine Altäre zerstört und deine Propheten mit dem Schwert getötet haben. Ich allein bin übrig geblieben und nun trachten sie auch mir nach dem Leben.

Der Herr antwortete ihm: Geh deinen Weg durch die Wüste zurück ... Ich werde in Israel siebentausend übrig lassen, alle, deren Knie sich vor dem Baal nicht gebeugt und deren Mund ihn nicht geküsst hat. (1 Kön 19, 9–18)

Aus der Flucht ist ein Pilgerweg geworden. Nun weiß er, wohin es geht, auf den Gottesberg. Vielleicht trägt ihn noch die falsche Hoffnung, Gott möge ihm wieder in Feuer und Blitz begegnen, aber er ist unterwegs zu IHM. Auf dem Gipfel angekommen, begegnet er nicht sofort seinem Gott, sondern er zieht sich nochmals in die Höhle, den Ort der Geborgenheit und des Schutzes, den Ort der Läuterung der Seele zurück. Hier erfährt er wahre Einsamkeit, eine Einsamkeit, die ihn heilt und in der er auf sich gestellt sich auf die Begegnung mit seinem Gott vorbereitet. Und wie er IHM begegnet! Zweimal muss Elija vorstellig werden wie in einer Audienz bei seinem Herrscher. Er macht seinem Gott Vorhaltungen. Elija gibt seiner Frustration nochmals offen Ausdruck: »Voller Eifer, eifrig geeifert, mit aller Leidenschaft habe ich für die Anerkennung Deines Namens gefochten! Voll Feuer und Flamme war ich für Dich. Ich habe unter Einsatz meines Lebens für Dich gerungen. Aber Dein Volk ist Dir untreu geworden. Die ganze Geschichte Deines Volkes mit Dir, Gott, steht jetzt auf der Kippe. Sie verehren Dich nicht mehr. Deinen Anhänger töten sie mit dem Schwert.« Und Gottes Antwort? Dieser Gott hat es gar nicht nötig, sich zu rechtfertigen. Sein Gott schenkt ihm kein Mitleid und gibt ihm keinen Trost. »Stell Dich hin!« Er fordert ihn auf, aufzustehen und zu sich zu stehen. Selbstmitleid und Todessehnsucht haben ein Ende. Alle Resignation verfliegt.

In der Stimme verschwebenden Schweigens

Und Gott kommt. Hier am Horeb ist die wahre Macht Gottes erfahrbar. Aber er kommt nicht im Sturm, in der Urgewalt der Schöpfung und der Sintflut, nicht im Erdbeben wie bei der Überlieferung des Gesetzes und auch nicht im Feuer, das er auf die törichten Baalspriester herabgeworfen hatte. Das Bild von Gott, dem Mächtigen, wird aufgegeben. Was ist das für ein Gott in Elijas bisherigen Leben gewesen, der ein solches Verderben auf sein Volk herabkommen ließ? Was ist das für ein Prophet, der im Namen des Herrn derart zerstörerisch handeln musste? Das zählt jetzt nicht mehr. Vielleicht hat sich in der Stille der Höhle ein weiterer Abgrund aufgetan, hat sich das Herz beru-

Innere Erschöpfung

higt. Wir können nur spekulieren. Auf jeden Fall, Israels Gott will Israel mit aller Kraft zu sich zurückholen. Aber die grandiose Macht ist in der Stille des Horeb eine andere geworden. Elija hört die »Stimme verschwebenden Schweigens« (Martin Buber). Die alte Erfahrung, dass man Gott nur durch Übermacht beweisen kann, hat sich erübrigt. Jahwe ist ein ganz anderer. Im Säuseln des Windes wird er der ganz Nahe. Die Folge: Der Prophet muss nicht mehr Übermächtiges leisten.

Was ihm die *leise Stimme* gebietet, ist ein knapper Befehl, eine Reihe von klaren Anweisungen, die nun wieder ein lang anhaltendes Läuterungsgericht hin zum wahren Gottesglauben einläuten. Aber Gott sagt ihm noch etwas anderes: »Das abtrünnige Israel hat keine Macht mehr. Das wahre Israel ist nicht am Ende. Siebentausend sind übrig geblieben. Gottes Volk besteht weiter.« Was Elija Gott in seiner unendlichen Deprimiertheit vorwurfsvoll entgegengeschleudert hatte, der einzige Treue zu sein, stimmt so gar nicht. Elija muss sich verändern. Er bricht auf und handelt.

Elijas Weg

Angesagt ist Umkehr, tief greifende Änderung meiner Lebenseinstellung. An die eigene Begrenztheit stoßend, kann ich mich öffnen für das Wirken Gottes, das in der stillen Begegnung Kraft entfaltet. Wer so aus der Erschöpfung herausgeht, findet sein seelisches Gleichgewicht wieder. Und sein Glaube kann wachsen. Seine Seele wird gereinigt und kann zu neuer Spannkraft finden.

Elija hat das getan. So wie der Prophet wieder aufstehen lernt und sich auf den Weg zu Gott und den Menschen macht, kann die Umkehr zu einem geistlichen Prozess werden, der sich neu für den Menschen öffnet und für die Arbeit qualifiziert.

》 *Nun ist's genug!*
Drei Worte genügen. Aber sie haben es in sich. Denn Elija darf ausdrücken, dass es ihm reicht. Ihm wird erlaubt, das zu tun, was er wirklich braucht. Er gesteht sich sogar ein, was er sich niemals vorher zugetraut hätte: Er darf müde und traurig, sogar resigniert sein. Wo wirklich das Kranksein erlaubt wird, da ist ein wichtiger Schritt zur Heilung getan. Müde werden ist normal. Sichzurückziehen ein erster Schritt. Spirituell deute ich diesen Vorgang als ein Zulassen und Annehmen der eigenen Bedürftigkeit. Und diese Bedürftigkeit wird zum eigentlichen Ausgangspunkt der Gottesbegegnung.

》 *Er legte sich unter einen Ginsterstrauch*
Elija darf ausruhen von seiner Sendung. Er nimmt sich, was er braucht: sich, seinem müden Körper und seiner Seele Ruhe zu geben. Da kommt eine Pflegekraft zu mir: eine Woche Schicht hat sie hinter sich. Sie sieht müde und abgespannt aus, wirkt in den ersten Stunden fahrig und unkonzentriert. Am nächsten Tag hat sich die Situation verändert: nach zehn Stunden Schlaf hat sie neue Kraft getankt. Ich erlebe einen ganz anderen Menschen: beteiligt am Gespräch, lebhaft, in Auseinandersetzung mit seinen eigenen persönlichen Fragen. Die Augen sprechen mit, wenn er etwas sagt. Ich darf mir also Zeiten der Entspannung gönnen. Ich darf und muss sogar bewusste

Innere Erschöpfung

Gegenakzente zum Stress setzen, wenn ich meine Seele pflegen will. Die Zeit der Ruhe und der Entspannung ist ja eine der großen Errungenschaften unseres Glaubens, denn der siebte Tag ist nicht nur der Tag, an dem sich Gott etwa erschöpft ausstreckt, sondern an dem das Werk der Schöpfung nochmals ausgelotet wird auf seinen tieferen Grund hin und die Schöpfung Gott loben darf. Wo ich mir nicht nur die Pause gönne, sondern meine Seele zur Ruhe kommen darf, da beginne ich zu spüren, dass es einen ganz Anderen in meinem Leben gibt.

» *Vierzig Tage und vierzig Nächte*
Elija begibt sich in eine zeitweilige Distanz zur Arbeit und zu seinem Leben. Es ist nicht nur die Rekreation, die Erholung, die er sich gönnt, sondern im Zeitraum von vierzig Tagen und vierzig Nächten – bei Vierzig denke ich natürlich an die vierzig Jahre, die Gottes Volk durch die Wüste zieht –, in diesen vierzig langen Nächten und Tagen nimmt er Abschied von allem, was ihn bedrängt.

Er lässt den Alltag hinter sich. Seine Sinne reinigen sich, denn die Wüste ist der Ort, der klärt. Er geht den langen Weg zu sich selbst. Und in diesen vierzig Wegstrecken, dem Zeitlauf des gottgewirkten Handelns, stellt er sich darauf ein, dass Gott an ihm handelt und nicht mehr er selbst. Dadurch, dass Elija sich auf den Weg zu sich selbst macht, erschließt sich mir ein tieferer Sinn. Wir leben nicht, um zu arbeiten, sondern die Arbeit – auch die Erschöpfung an ihr – führt mich zu jenem unendlichen Geheimnis, das wir Gott nennen. Den Weg dahin muss ich aber nicht alleine gehen.

>> *Ein Engel berührte ihn*

Elija erfährt Hilfe und Betreuung. Ein Engel rührt ihn an in seiner Müdigkeit. Er legt ihm Brot und Wasser bereit, nicht nur einmal, sondern ein zweites Mal, nachdem der Prophet wieder eingeschlafen war. Er reicht ihm zweimal das Lebens-Mittel. Elija selbst darf sich der Fürsorge des anderen überlassen, bekommt von ihm Wasser und Brot. Essen und Schlaf stärken ihn für den langen Weg des Glaubens. Auf seinem Weg des Glaubens, der ihm zur Wüstenwanderung wird, hat er einen Kumpan. In diesem Wort »Kumpan« steckt das lateinische Wort »panis«, Brot. Der Engel ist einer, der ihm Brot gibt. Aus dieser Zuwendung erwächst innere Stärkung: »Steh auf und iss! Sonst ist der Weg zu weit für Dich.« Ich kann mich nicht nur auf meinen Engel verlassen, sondern auch für mich sorgen, indem ich das angebotene Essen annehme.

>> *Auf Gottes Stimme hören*

Elija gelangt an den Berg und begibt sich in die Höhle, den Ort des Rückzugs. Dort ruft ihn Gott heraus. Und wie er ihn ruft! Nicht im spektakulären Getöse von Donner, Sturm und Feuer, sondern in der Stimme verschwebenden Schweigens, ganz leise und sanft. Gott ist nun der unsichtbare, nicht mehr der, der das Feuer vom Himmel regnen lässt und die falschen Propheten ins Verderben stürzt, er ist der Nicht-mehr-Fixierbare, das stille Geheimnis seines Lebens. Erschöpfung und Überdruss leiten eine Korrektur der Gotteserfahrung ein. Gott ist mir nahe, auch im Leid und in der Erschöpfung. Er lässt mich nicht alleine. Und ER gibt Elija einen Namen: »Eli-jahu«,

Innere Erschöpfung

Gott ist Jahwe, wird nun sein Name übersetzt. Veränderung im Menschen ereignet sich nicht durch übermenschliche Anstrengung, nicht durch die neuesten Methoden und Techniken beruflichen Handelns, sondern in der Mitte der Person, in der Stille des Herzens, in der Besinnung auf den tragenden Grund meines Lebens. Ich höre die leisen Töne des Lebens. Dort wird meine Seele geheilt. Dort verändert sich mein Glaube. Dort habe ich die Zeit, meinem Herzen Ruhe zu gönnen.

》 *Suche dir einen Nachfolger!*
Elija bekommt einen begrenzten und überschaubaren Auftrag: »Salbe den und den zum König und suche Dir einen Nachfolger.« Mehr nicht. Nicht mehr die hehren Ideale und die übermenschlichen Anstrengungen – das Feuer vom Himmel regnen zu lassen – stehen fortan im Auftragsbuch des Elija, sondern ein konkreter und für ihn leistbarer Auftrag. Und hierfür bekommt er noch einen Helfer. Er salbt den Elischa zum Nachfolger und Begleiter.

Der Prototyp des ausgebrannten Propheten

Am Ende des Prozesses beruflicher Erschöpfung sind wir an deren spiritueller Wurzel angelangt. Ausbrennen wird erfahren als ein Verlust des Lebenssinns, als Aushauchen des Lebensgeistes inmitten der Geschäftigkeiten des Alltags. Der Glaube – an sich selbst, an den anderen, vielleicht auch an Gott – ist verloren gegangen. Wie der Prophet verfallen wir in Resignation: »Herr lass mich in Ruhe, ich bin nicht besser als meine Väter.« Hier brennt Elija nicht mehr, er ist ausgebrannt. Jetzt steht er wieder auf. Der HERR fordert ihn auf, wieder den Weg durch die Wüste zurückzugehen. Er verspricht ihm kein Paradies, sondern mutet ihm gleich wieder eine Dürreperiode zu. Aber dieses Mal ist er gestärkt.

Elija, der Mann Gottes, dient so vielen als Orientierung. Er garantiert Leben. Er hilft uns, dass unser Herz zu Gott zurückkehrt (vgl. Mal 3,24). Und so kann ich ihn auch als den Prototyp des an Gott ausgebrannten Menschen verstehen. Übermächtig ist seine Aufgabe. Voller Feuer und Flamme ist er. Im übersprühenden Engagement schafft er es, eine übergroße Aufgabe zu schultern. Doch dort, wo seine Kraft am größten ist, bricht er in die Verzweiflung ein. Dort, wo er sich als der Starke und Kraftvolle erwiesen hat, ist er ein schwacher Mann, der nun der Kraft des Gebetes zu trauen lernt. In der Ohnmacht ereignet sich die Wende. Sein Gott, unendlich stark und mächtig, über allem thronend, ist in Wirklichkeit ein Gott der leisen Nähe. Diesem Gott darf er sich ganz überlassen.

In Verantwortung für sich selbst

Der lateinamerikanische Schriftsteller Paulo Coelho, der in seinem Roman »Der fünfte Berg« dem Propheten Elias eine moderne Gestalt gegeben hat, hat einen Aspekt zur Geschichte des Elija hinzugefügt. Im Moment der tiefsten Verzweiflung wird dem Propheten eine neue Herausforderung aufgetragen, nämlich seine *Verantwortung* anzunehmen. In allem, was er tut, auch in der Absurdität von Verzweiflung und Not, auch in der Auflehnung gegen den HERRN soll der Mensch sich verantworten. Elija zieht im Moment der Verzweiflung Bilanz, dass

Innere Erschöpfung

es manchmal notwendig ist, mit Gott zu kämpfen. Denn in diesem Kampf werden die alten Mauern eingerissen und neue Möglichkeiten entdeckt. Im Kampf gibt der Tapfere alles auf, sogar seinen Gott, und wächst. Das gefällt dem Herrn, wenn einer die Herausforderung aufgreift und die Verantwortung für sein Leben in die eigenen Hände nimmt. Mit dieser Flamme im Herzen betet Elija:

Herr, ich habe gegen Dich gekämpft und schäme mich dessen nicht. Und deshalb habe ich entdeckt, dass ich auf meinem Weg bin, weil ich es so wollte, und nicht, weil es mir von meinen Eltern, den Traditionen meines Landes oder von Dir auferlegt wurde.

Zu dir, Herr, möchte ich in diesem Augenblick zurückkehren. Ich möchte Dich mit der ganzen Kraft meines Willens loben und nicht aus Feigheit, weil ich keinen anderen Weg weiß. Dennoch muss ich weiter gegen Dich kämpfen, bis Du mich segnest.
(Coelho, 192)

Innehalten und Kraft schöpfen

Was macht dass ich so furchtlos bin
An vielen dunklen Tagen
Es kommt ein Geist in meinen Sinn
Will mich durchs Leben tragen
Hanns Dieter Hüsch

Was mich in der Begegnung mit Menschen, die Ausbrennen und innere Erschöpfung erfolgreich bewältigt haben, immer wieder positiv überrascht, ist ihre Klarheit: Sie sind persönlich gewachsen und zu einer tieferen Sicht ihres Lebens gekommen. Sie sind in Kontakt mit ihren tiefsten Quellen, ihrer eigenen Persönlichkeit und ihrer Spiritualität.

Andreas M., Chefarzt für Chirurgie, hat alles erreicht, was er sich in seinem Leben erträumt hat: eine interessante Tätigkeit, ein gutes Einkommen, Ansehen und Einfluss. Dennoch ist er unzufrieden mit seinem Leben. Die langen und ungeregelten Dienste, die Bürokratie, sein ungesunder Lebensstil und der Stress des Führungsalltags setzen ihm zu. »Qualität hat mein Leben

Innehalten und Kraft schöpfen

schon lange nicht mehr. Früher habe ich noch ein Instrument gespielt. Mein ehrenamtliches Engagement ist dem beruflichen gewichen. Ich habe kaum noch einen Freundeskreis, Beziehungen beschränken sich auf Kollegen und Geschäftspartner. Ich habe beschlossen, zu kündigen.« In der Tat, im Laufe des folgenden halben Jahres baut er sich eine neue berufliche Existenz auf; mit einem geringeren Einkommen zwar, aber mit geregelten Arbeitszeiten. Er widmet sich wieder der Muße. Drei Wochen engagiert er sich in Afrika in einem Projekt für Waisenkinder. Als ich ihn wieder treffe, strahlt er wesentlich mehr Ausgeglichenheit und Zufriedenheit aus.

Innere Erschöpfung ist eine Chance, persönlich zu wachsen. Wenn Stress im Kopf beginnt und der Ausgebrannte sich selbst die Schuld an seinem Zustand gibt, dann beginnt Veränderung dort: bei mir selbst. Ich kann gegen meine inneren Antreiber vorgehen. Ich kann es lernen, meine Aufgaben neu zu gewichten. Ich kann ein ausgewogeneres Leben einüben. Meine Zufriedenheit wird wachsen und mein Selbstvertrauen gestärkt sein. Wer Veränderung wagt, geht oft durch eine Krise. Gerade Grenzen können die eigenen Möglichkeiten entdecken lassen und das Zutrauen wecken, sein Leben selbst in die Hand zu nehmen. Der Ausgebrannte ist gefangen in sich selbst. Er denkt, dass es keinen Ausweg aus seiner Hilflosigkeit gibt. Aber er verändert sich dort, wo die Fassade bricht, wo er die Aversion gegen sich und die Arbeit nicht mehr vor sich versteckt.

Ich gestehe mir ein, dass ich ausgebrannt bin, leer und lustlos. Ich lerne, meist mühsam, mich selbst mehr anzunehmen. Eine realistische Einstellung, was innerhalb meiner eigenen Grenzen möglich ist, entsteht. Der Weg aus der Erschöpfung fordert mich so zu persönlichem Wachstum heraus. Ich glaube wieder an mich selbst, entwickle heilende Kräfte in mir und anderen. Gelingende Beziehungen, tiefer gehende Erfahrungen, Visionen, Werte und Ziele werden wieder bedeutsam. Dann kann sich auch der Wille, mein eigenes Handeln zu verändern, verstärken und mein Selbstvertrauen wachsen. Da bekommt meine Arbeit Sinn.

Die innere Ruhe finden

Ein Mensch, erfolgsverwöhnt und auf dem Höhepunkt seiner Karriere, beschreibt seine Erfahrung im Beruf: *Oft hetzt die Übernahme des Amtes das Herz in die verschiedenartigsten Angelegenheiten hinein. Ein Mensch wird unfähig der einzelnen Sache gegenüber, wenn sein Geist sich in stetem Durcheinander in viele Dinge teilen soll. (...) Während er durch irgendeine vordringliche Sorge völlig nach außen gezogen wird, verliert er die Konzentration auf sein Inneres; er geht völlig in äußeren Geschäften auf. Indem er sich nicht kennt, denkt er über alles Mögliche nach und hat für sich selbst gar nichts mehr übrig. Während er sich mehr als notwendig in äußere Dinge einlässt, vergisst er, gleichsam auf dem Weg festgehalten, das eigentliche Ziel, und zwar so sehr, dass er dem Streben nach Selbsterkenntnis entfremdet wird, nicht einmal mehr die Verluste sieht, die er erleidet, und nicht mehr weiß, wie viele Fehler er begeht.* (Gregor der Große, Pastoralregel I,4)

Der Text stammt von Gregor dem Großen, einem typischen spätantiken Aussteiger. In einer Adelsfamilie groß geworden, war er oberster Verwaltungsbeamter Roms geworden.

Innehalten und Kraft schöpfen

Doch er gibt seine Position auf, gründet mit einigen Freunden ein Kloster und widmet sich einem Leben in Ruhe und Beschaulichkeit. Der Papst weiß aber um sein organisatorisches Talent und ruft ihn als Diplomat in den kirchlichen Dienst. Gregor wird selbst Bischof von Rom, rettet die Stadt in den Wirren der Völkerwanderung vor der Zerstörung, reformiert die Verwaltung seiner Diözese und widmet sich – seine Briefe zeugen davon – bis zur körperlichen Erschöpfung der pastoralen Arbeit. Das Engagement hat Kosten. Die vielen Geschäftigkeiten im Bischofsamt sorgen dafür, dass er in äußeren Dingen aufgeht. Mehrfach beschreibt er bei sich die Niedergeschlagenheit und den Kummer eines Menschen, der durch Pflichtenhäufung überfordert wird und den inneren Frieden zu verlieren droht. Im Amt befürchtet er den »Schiffbruch der Seele«. Er sehnt sich danach zurück, wieder bei sich zu sein und seines Lebens Mitte zu finden. Er sucht die Ehrlichkeit sich selbst gegenüber. Er, der Macher, sucht Wege, wie er berufliche Verantwortung und gelebte Spiritualität, Aktivität und Gottessehnsucht in Einklang bringen kann. Wie tut er das?

Gregor hat über den heiligen Benedikt eine Biografie geschrieben, in der er seine persönliche Frage bearbeitet, wie er innerlich zur Ruhe kommen und gleichzeitig Verantwortung für seine Aufgabe wahrnehmen kann. Benedikt, der verfrüht die Leitung einer Klostergemeinschaft übernommen hatte, scheitert an dieser Aufgabe. Bald wird klar, dass die Mönche ihn loshaben wollen, weil er ihnen zu streng ist. Er zieht die Notbremse und geht in die Einsamkeit zurück. »*Allein* – wie Gregor schreibt –, *unter den Augen Gottes wohnte er in sich selbst. Sonst hätte er seine Kräfte überfordert, die innere Ruhe ver-*

loren und das Auge seines Geistes vom Licht der inneren Schau abgewandt.« Gregor fährt fort: »*Sooft wir nämlich durch die Unruhe der Gedanken zu sehr aus uns herausgeführt werden, sind wir zwar noch wir selbst, aber nicht mehr in uns selbst; denn wir verlieren uns selbst aus dem Blick und schweifen anderswo umher. (...) Darum also wollte ich sagen: Der heilige Mann wohnte in sich selbst, weil er stets wachsam auf sich achtete, sich immer unter den Augen des Schöpfers sah, sich allezeit prüfte und das Auge des Geistes nicht außerhalb seiner selbst umherschweifen ließ.*« (Gregor, Dialoge 3,5ff)

Im Scheitern steht die Umkehr an, für Benedikt eine Rückkehr zu sich selbst. Er lässt den Anspruch, den er nicht erfüllen kann, hinter sich. Das zum falschen Zeitpunkt wahrgenommene Führungsamt hat seine Gedanken unruhig gemacht und ihn von sich weggeführt. Die »Gedanken« – das sind in der Spiritualität der Alten Kirche die verborgenen Wünsche und unerfüllten Sehnsüchte, die Gier nach Großmannssucht und Mehr im Leben, ein übergroßes Bedürfnis nach Macht, Anerkennung und Erfolg, auch der Wunsch nach Abschied von den Anforderungen des Lebens, innerer Überdruss und Widerwille –, diese Gedanken lenken einen von sich selbst ab. Man flieht vor sich. Das Auge des Geistes schweift umher und ruht nicht auf sich selbst. Man verliert sich. *Innere Unruhe* treibt einen um. Der ganze innere Mensch ist verdunkelt. Sein Lebenswerk – Arbeit im umfassenden Sinne – ist bedroht.

All die Unruhe des Geistes, alle Dunkelheit der Seele, all die chronisch negativen Gefühle, wie sie uns gerade in der Erschöpfung begegnen, gehören zu uns: Wut, Ärger, Hoffnungslosigkeit, Verlassenheit, Traurigkeit, Minderwertigkeit,

Innehalten und Kraft schöpfen

Ohnmacht, Schuld, Eifersucht, Zorn, Selbstmitleid und viele andere mehr. Wenn wir zur Ruhe kommen, dann kommen oft gerade diese Gefühle hoch. Wir können sie anschauen – und gelten lassen. Wo die Seele mit ihrer eigenen Unruhe konfrontiert wird, da wird ihr ein Angebot gemacht: Kehre ein in dein Lebenshaus und *prüfe* dich. Was ist an Ungutem in dir, was an Gutem? Wo sind deine lebenshindernden, wo deine lebensfördernden Kräfte? Was macht dich krank? Was gesund? Nimm dir die Zeit für dich, um dich zu prüfen. Gib dir Zeit und Raum für den inneren TÜV. *Achte* auf dich. Dort, wo dein Herz ist, kannst du eins sein mit dir, kannst du dem Unerwarteten lauschen und dir selbst begegnen in einem tieferen, Leben erschließenden Sinn.

Der sich selbst suchende Mensch sammelt sich in seinem Herzen, damit er bei sich sei. Der nächste Schritt ist nicht mehr weit: Dem Wohnen in sich folgt das Wohnen bei Gott. Wer sich genau kennt, stellt sich unter die *Augen des Schöpfers*. Er wendet sich mit wacher Aufmerksamkeit Gott zu. Der Mensch erfährt sich als ein Geschöpf Gottes, als Mann oder Frau mit Fehlern und Grenzen, zugleich liebenswert und geliebt. Dort beginnt Heilung. Darauf vertraut der Suchende: Dass er in Gottes Gegenwart verweilen darf. Bemühe ich mich um die innere Ordnung, so wirft mich diese auf den wahren Grund meines Lebens zurück: auf Gott.

Bei sich wohnen geschieht so in vier Schritten: Der Mensch löst sich aus seiner Zerstreuung und kehrt um, er prüft sich und unterscheidet, er achtet auf sich und kehrt zu seinem wahren Selbst zurück, sein Herz findet die innere Ruhe bei Gott. Mit der Ruhe alleine ist für Gregor die Gottesbegegnung noch nicht vollendet. Gottesverwurzelung führt in die direkte Verantwortung für andere. Sie bewirkt die Weite des Herzens, offen für andere. Die innere Ruhe hat das von innen heraus bestimmte Tun zur Folge. Arbeit wird dort für die Seele schädlich, wo man sich im »Zuviel der Aufgaben« nicht abgrenzen kann, in den Aktionismus flieht und sich selbst verliert. Arbeit ist für Gregor dort sinnvoll, wo ich aus der Gotteserfahrung, die in der Seele stattfindet, heraus Gutes verwirkliche und so das Gottvorkommen unter den Menschen fördere. Der in sich ruhende Mensch verwirklicht das, was ihm von Gott ins Herz gelegt wurde. Der fünfte Schritt: Ich wohne bei mir selbst und *handle* daraus. Aktives und kontemplatives Leben stehen nicht unverbunden nebeneinander und werden auch nicht gegenseitig ausgespielt, sondern bedingen und befruchten einander.

Der Weg zur inneren Ruhe

Arbeit, so sahen wir, ist stets auch »Arbeit an sich selbst«. Sie kann der Ermunterung der Seele dienen. Indem ich auf mich achte, kann ich meine Arbeitsgesinnung prüfen und darin persönlich wachsen. Im Hören werde ich, reift die eigene Persönlichkeit. Das Hinhören braucht meine Bereitschaft zum Hören. Dazu muss ich mir aber Räume des Stille-Werdens und der Einkehr in die innere Lebenswohnung sichern. Ich muss die Zeiten des Mich-Sammelns pflegen, die innere Aufmerksamkeit in den Räumen des Alltags üben. Es braucht dann Mut, dass ich mein inneres Auge schärfe und sensibel werde für meine inneren Antreiber, aber auch für meine eigenen Bedürfnisse. Es braucht Mut, auf mich zu hören, darauf, was Träume und Hoffnungen, aber auch Ängste und Sorgen sagen. Es braucht Mut, Berufs- und Lebensziele immer wieder neu zu ordnen. Doch es lohnt sich, innezuhalten und sich zu fragen: Was will ich eigentlich mit meinem Leben? Welche Werte sind mir jetzt wichtig? Wie will ich meinen Beruf, meinen persönlichen Lebensstil gestalten?

Es geht in dieser Selbstbeobachtung nicht nur um Selbsterfahrung, es geht vor allem auch um Verantwortung für mich selbst, jene Verantwortung, in der ich wirklich zu mir selbst komme, in meinem Herzen Ruhe finde, in mir wohne und daraus lebe. Oft entsteht in mir ein neuer Impuls. Veränderung ereignet sich. Die konkrete Gestalt meines eigenen Lebens klärt sich. Ich kann aus der inneren Stärke heraus leben, meine Berufung spüren, die mein Tun in einer inneren Kraftquelle gründen lässt. Wenn mich die Geschäftigkeit auf Trapp hält, wenn mich die Fülle an Aufgaben und meine Verantwortungen in Beschlag nehmen, wenn Hektik und Stress mir die Ruhe rauben, wenn ich meine Erlebnisse nur noch aufsauge und nicht mehr verarbeiten kann, dann drohe ich mich selbst zu verlieren. Mein Herz verliert sich, wie Gregor sagt, in die verschiedenartigsten Angelegenheiten hinein. Aber in ruhigen Momenten spüre ich die Sehnsucht in mir, wieder zur Ruhe zu kommen. Ich möchte mich sammeln, möchte aktiver und aufmerksamer mein Leben gestalten. Ich will Wege finden, damit mein Geist nicht mehr so oft umherschweift und abgelenkt wird. Ich nehme mir Zeit für das Stille-Werden. Manchmal wird es im ersten Moment laut in mir. Eindrücke des Tages, Sorgen und Gedanken quälen mich. Ich beurteile vorschnell die Wirklichkeit und kann sie nicht so annehmen, wie sie ist. Und es gibt noch mehr Herausforderungen auf dem Weg zu mir: Wie kann ich mein Herz öffnen? Gelingt es mir, wie Gregor wachsam auf mich zu achten? Kann ich nicht nur mit dem Verstand, sondern auch mit dem Herzen die Wirklichkeit annehmen? Ich übe mich im Loslassen meiner eigenen Anschauungen und im Annehmen einer tieferen Wirklichkeit. Gegen die Angst und die innere Ruhelosigkeit kann ich mich in der achtsamen Gegenwart üben. Ich darf mich unter die Augen des Schöpfers stellen, in mir wohnen. Ich traue dem Impuls zur Veränderung, da Gottes guter Geist in mir lebendig ist. Denn die Arbeit von Menschen, die Ausbrennen bewältigt haben, ändert sich. Sie wissen, wofür sie sich engagieren wollen und wofür nicht. Sie justieren ihre Lebensziele neu. Sie schützen sich vor Stress und Überlastung. Sie entwickeln Strategien, wie sie ihre Arbeitszufriedenheit und ihr Wohlbefinden im Alltag stärken können. Einen besonders guten Schutz gegen Stress, so die Fachleute, bieten drei Haltungen, nämlich sinnstiftendes Engagement, Kontrolle über mein eigenes Handeln und die Herausforderung, Neues zu wagen. So gewinnen Menschen, die an den Grenzen der Erschöpfung wachsen, Kontakt zu sich, ihren eigenen Fähigkeiten und Stärken. Sie trauen der Botschaft ihres Körpers und ihren Gefühlen. Ihr Glaube an sich selbst wird gestärkt. Ihr Handeln ändert sich, weil es von Selbstbewusstsein statt von Hilflosigkeit getragen ist.

Ich lade Sie ein, den Weg zur inneren Ruhe für sich selbst zu beschreiten. Nehmen Sie sich Zeit und gehen Sie den einzelnen Schritten mit Hilfe der folgenden Fragen nach:

Innehalten und Kraft schöpfen

》 *Den Geist nicht umherschweifen lassen, sondern mein Leben so anschauen, wie es ist.*
Was beschäftigt mich? Welche bedeutsamen persönlichen und beruflichen Herausforderungen erlebe ich zurzeit? Welche Schwierigkeiten gibt es? In einem Satz: Was sagt mir mein Leben? Was lenkt mich ab, was bringt mich zu mir? Wer lenkt mich ab, wer bringt mich zu mir? Welche Menschen helfen mir, mein Leben zu erkunden, sind mir kritische Stütze? Ich will aufmerksam auf das hören, was mir mein gegenwärtiges Leben bietet, und dabei andere Menschen einbeziehen.

》 *Mich prüfen: Nicht in Vorurteilen verharren, sondern loslassen und dann die Verbindung mit meinem Herzen suchen.*
Was ist mein Lebensthema, dem ich mich mit ungeteilter Aufmerksamkeit zuwenden möchte? In welchen Situationen mache ich die Erfahrung, dass sich mein Herz öffnet? Was oder wen liebe ich wirklich? Welchen Ballast möchte ich von meinem Leben abwerfen, um mehr bei mir zu sein? Ich will wahrnehmen, wahrnehmen und nochmals wahrnehmen; ich erlaube mir, nicht vorschnell zu urteilen. Ich will meiner Herzensintelligenz trauen, weil sie mir den Weg zu meinen inneren Quellen ebnet. So darf der Sinn meines Lebens aufscheinen.

》 *Wachsam auf mich achten und Räume für innere Ruhe schaffen.*
Welche Orte und Situationen gibt es, in denen ich Gegenwärtigkeit einüben kann? Was ist meine Stätte der geliebten Einsamkeit? Wo sind Menschen, mit denen ich echten inneren Dialog einübe und mit ihnen mit offenem Geist, mit offenem

Herzen und wahrem Willen in Beziehung komme? Welches sind die praktischen Wege und Rituale, die mich dabei stärken? Räume dafür zu schaffen heißt, an mir arbeiten, mich anstrengen und üben. Ich will mich immer wieder üben, zur inneren Ruhe zu kommen.

>> *Mich unter die Augen des Schöpfers stellen, Achtsamkeit und Gelassenheit leben.*

Wann halte ich inne, bleibe in der Stille und höre darauf, was mir mein Herzensohr sagt? Welches sind die Räume, in denen ich innehalte und mich vom guten Geist meines Lebens durchdringen lasse? Was kann ich an gutem Geist in meinem Leben meinem Schöpfer hinhalten und wo gebe ich ihm Ungutes zurück mit der Bitte, es ganz zu machen und mir zu verzeihen? Ich will diese Achtsamkeit üben und Gelassenheit leben. Gott, mein Schöpfer, trägt mich.

>> *Bei mir wohnen, meinem Veränderungsimpuls trauen und den Wandel willkommen heißen.*

Ich stelle mir vor, dass eine gute Zukunft entstanden ist, eine Zukunft, in der sich meine tiefste innere Sehnsucht erfüllt hat. Ein inneres Bild entsteht in mir mit Menschen und Beziehungen, Ideen und Projekten, Entscheidungen und neuen Initiativen, mit Sehnsüchten, die ihre konkrete Gestalt finden wollen, mit meiner Berufung, die tief in mir grundgelegt ist. Was spüre ich tief in meinem Herzen? Welche Vision entsteht vor meinem inneren Auge? Wenn ich diese Vision in konkrete Schritte umsetze, welche Schritte werde ich in einem überschaubaren Zeitraum verwirklichen? An welchen Punkten meines gegenwärtigen Lebens erlebe ich, dass diese Vision schon heute konkret wird? Wer sind die Helferinnen und Helfer, die mich dabei unterstützen? Ich will das, was ich tue, liebevoll tun und meine Liebe in die Tat umsetzen.

Innehalten im Glauben

Ich muss nicht mehr viel dazu sagen, dass der Weg aus der Erschöpfung ein Glaubensweg werden kann. Gregor der Große, dem es um ein Engagement für die Menschen geht, zieht sich zurück, um aus der Gottesverwurzelung zu leben. »Ich lasse meine Seele ruhig werden und still« (Ps 131,2), betet der Psalmist. Diesen Vers spreche ich leise in meiner Seele. Mein Herz wird stiller. Dazu übe ich Instrumente, die zum Herzen sprechen, meiner Lebens- und Glaubensform entsprechend ein: ein immer wieder gesprochenes Gebet, die tägliche Zeit der Stille, Gottesdienst, das aufmerksame Lesen eines spirituellen Textes, Meditation ... Ich muss üben. Ich muss mich überwinden, regelmäßig an meine Übung herangehen, Rituale pflegen, die Sorgfalt nicht verlieren, der Routine trotzen, Grenzen aushalten. Entscheidend ist nicht, welche Übung ich vollziehe, sondern mein Einüben einer inneren Haltung, die mein Leben unter die Perspektive Gottes stellt.

Kraftquellen in Kraftgrenzen

*Das Komponieren ermüdet mich weniger als die Rast.
Ich habe von keiner Seite ... etwas zu befürchten.*
Mozart, September 1791

Die Erfahrung, erschöpft und müde zu sein, kann zur Quelle neuen Lebens werden. Wo mein Wunsch nach Beziehungen wieder wächst, wo ich mich mit neuer Energie an Projekte traue, wo ich mir selbst gegenüber wieder ehrlicher werde, da fange ich an, in meinem Menschsein zu wachsen.

Wo ich wieder die Spannkräfte der Seele gefunden habe, da habe ich den spirituellen Wendepunkt überschritten. Da wird der Grund meiner Quelle wieder klar. Wege zu dieser Quelle sind:

Zeit für sich nehmen
In ihrem Buch »Muscheln in meiner Hand« schreibt Anne Morrow Lindberg, dass jeder Mensch jeden Tag einmal alleine sein solle. Doch dann entgegnet sie: »*Was die Suche nach dem*

Kraftquellen in Kraftgrenzen

Alleinsein angeht, so leiden wir in einer abträglichen Atmosphäre, die so unsichtbar, so allgegenwärtig und so zermürbend ist wie die feuchte Hitze eines August-Nachmittages. Die Welt von heute versteht weder das Bedürfnis der Frau noch des Mannes, allein zu sein. Wie unerklärlich uns das erscheint! Jede andere Entschuldigung wird eher angenommen. Die Zeit, die wir uns für eine geschäftliche Verabredung, für den Friseur, für eine Einladung oder für Einkäufe nehmen, wird respektiert. Sagt man aber: Ich kann nicht kommen, denn das ist die Stunde, die ich ganz für mich allein reserviert habe, dann gilt man für ungezogen, egoistisch oder als Sonderling. Was wirft es für ein Licht auf unsere Zivilisation, wenn das Bedürfnis nach Einsamkeit verdächtig erscheint; wenn man sich dafür entschuldigen, wenn man es verbergen muss wie ein geheimes Laster!« (Lindbergh, 46f)

Ich kann mir die stille Zeit auch im Bezug auf meine Arbeit gönnen. Eine Übung am Beginn des Tages hilft mir:

Ich sortiere nicht nur meine Aufgaben nach Wichtigem und Unwichtigem, wie ich es im Selbstmanagement gelernt habe, sondern nehme mir Zeit für die Stille, um im Schweigen oder in einem Psalm nochmals meine Arbeit ausrichten zu lassen auf jenes größere Geheimnis, das mein Leben und Arbeiten trägt. Ich unterbreche meine Arbeit. All die täglichen Verwerfungen und Belastungen, positive und negative Erfahrungen kann ich vor Gott hinstellen.

Manchmal kommen mir dabei negative Gefühle hoch, Ärger über Kolleginnen und Kollegen, Missmut, Angst. Manchmal ist mir alles zu viel. Manchmal wächst in mir der Zuspruch. Manchmal will ich einfach danken. All das hat Platz im Innehalten. Das sind oft nur wenige Minuten, dazu noch mühsam zwischen Alltagsleben und Beruf herausgeschnitten, doch sie geben mir Orientierung.

Meine erste Empfehlung: Ich nehme mir Zeit für mich, auch in der Arbeit.

Die eigene Einstellung ändern
Der Weg aus dem Ausbrennen ist oft gepaart mit einem radikalen Wandel der Weltsicht hin zu einer realistischeren Lebenseinstellung. Man ist wieder sensibler sich selbst, anderen und den gestellten Aufgaben gegenüber. Der eigene Lebensweg öffnet sich wieder als Glaubensweg, mit seinen Vernarbungen und Verwundungen, mit der Erfahrung innerer Wüste. Ich höre auf den Geist, der mich selber ganz und heil werden lässt.

Es gibt praktische Wege, um meine Einstellung zu ändern. Ich lerne, mit negativen Gedanken und meinem Grübeln umzugehen. Grüblerische Gedanken zermürben. Durch solche Gedanken gerate ich in einen Teufelskreis, der im schlimmsten Falle bis hin zur Selbstzerstörung führt. Im Beispiel: Ich denke darüber nach, wie alleine ich mich fühle, und isoliere mich tatsächlich. Ich grüble, warum ich nichts auf die Reihe bekomme, und werde tatsächlich chaotisch. Grüblerische Gedanken können wir nicht einfach aufhalten oder wegwischen, aber wir können mit ihnen umgehen lernen. Ich sage mir: »Stopp! Diesen Gedanken lasse ich jetzt nicht überhandnehmen.« Ich merke auf und stelle fest, wie mich dieser Gedanke bisher blockiert hat. Der Grübelstopp ist eine effiziente Methode, um in einer Überlastungssituation kurzfristig die Notbremse zu ziehen. Wo sich negative Gedanken aber langfristig festgesetzt haben, wo ich innerlich zerrissen bin und mich hilflos fühle, sind tiefer greifende Maßnahmen nötig: das klärende Gespräch, Beratung oder Supervision, Gegenerfahrungen, in denen ich ohne Angst, Traurigkeit und Unsicherheit sein darf. Ich kann Stress auslösende Denkmuster überwinden, wenn ich meine irrationalen Glaubenssätze identifiziere, deren Folgen abschätze und positive Gegenrede einübe. Bereits die Väter geistlichen Lebens haben einen konstruktiven Weg gegen das Grübeln entwickelt; gegen jedes negative Wort stellen sie eine heilende, konstruktive Einrede, vor allem im Gebet. Wenn ich innerlich unruhig bin, dann empfehlen sie: »O Gott, komm mir zu Hilfe. Herr, eile mir zu helfen.« Wenn ich alles aufgeben will: »Hier will ich wohnen, Du hast es gewollt.«

Ich überprüfe meine Ansprüche. Angemessene Ansprüche helfen mir, mein Leben und meine Arbeit realistisch zu gestalten. Innere Antreiber verlieren ihre Antriebskraft. Ich gestehe mir auch einen Fehler ein, wenn ich sonst gute Arbeit leiste. Statt mir vorzuwerfen, dass ich schon längst diese Arbeit hätte erledigen müssen, kann ich mir ein Programm entwickeln, wie ich Schritt für Schritt das gewünschte Ergebnis erreiche. So werde ich realistischer.

Daher meine zweite Empfehlung: Mir selbst nicht ausweichen, meine Einstellung ändern und realistische Ansprüche setzen.

Ziele und Werte neu bestimmen

Fundament meiner selbst sind Integrität, Authentizität und achtsame Sorge, dass ich mich als Persönlichkeit weiterentwickle. Es bedarf demnach des sorgsamen Umgangs mit mir selbst.

Wo ich im Alltag auf mich achte, werde ich wach, orientiere mich an meinen Werten und beginne wieder, mit langfristigen Perspektiven zu arbeiten. Ich gehe geduldig die Aufgaben an, statt abgehetzt und immer an den drängenden Problemen entlangzuarbeiten. So frage ich mich: Was sind meine wesentlichen Werte, Prinzipien und Glaubenssätze, die ich durch mein Leben und meine Arbeit verwirklichen möchte? Wichtige Werte für die Arbeit können sein: Erfolg, Macht, Kooperation, Fairness, Qualität, Sicherheit, Zufriedenheit, Selbstverantwortung, Achtsamkeit, Maß, Geduld, Fleiß, Kreativität, Nähe, Distanz, Vertrauen.

Solche inneren Überzeugungen brauchen wir, um eine Vorstellung von dem zu haben, was wir erreichen möchten. Aus ihnen entsteht der Wille, etwas zu bewirken. Sie geben mir die Kraft, die alltäglichen Aufgaben zu gestalten. Authentizität und Arbeit an mir selbst bedeutet aber nicht nur, mit meinen Entwicklungsmöglichkeiten und Visionen in Kontakt zu kommen. Sie zeigt sich auch an der Art und Weise, wie ich mich selbst mit meinen Stärken und Schwächen wahrnehme und auf mich achte. Nur wo ich in Kontakt komme mit meinen Schattenseiten – unguten Gedanken, negativen Triebkräften, Machtgelüsten ... –, kann ich Demut als Gegenstück der Selbstüberschätzung entwickeln.

Meine dritte Empfehlung: Werte und Ziele neu bestimmen und dabei Achtsamkeit leben.

Distanzierte Anteilnahme einüben

Wer sich stark engagiert, kann leicht in einer Sache aufgehen. Wer viel mit Menschen zu tun hat und sich mit deren Nöten auseinandersetzen muss, gerät in die Gefahr, die notwendige innere Distanz zu verlieren. Ich kann dem Menschen zu nahe stehen, umgekehrt aber auch aus Angst vor Vereinnahmung teilnahmslos und desinteressiert werden. Deshalb formuliere ich als Ziel distanzierte Anteilnahme dem anderen Menschen gegenüber, die ausgewogene Balance von Nähe und Distanz zum anderen. Ich kann Gefühlsarbeit und gelingende Kommunikation mit den Menschen, mit denen ich arbeite, wieder neu erlernen. Ich kann Distanz einüben als Gegenmaßnahme zur Haltung, die den anderen vorschnell in sich aufnehmen will, wie auch Nähe als Mittel gegen eine übertriebene Distanzierung, die nur dehumanisierend wirkt. Durch Distanz zum anderen kann ich mit mir in Kontakt bleiben, durch Anteilnahme einfühlsam und verständnisvoll für mein Gegenüber sein. So kann ich Offenheit und Vertrauen fördern. Distanzierte Anteilnahme beginnt mit praktischen Schritten: Mich vorbereitend auf eine schwierige Situation einzustellen, mich zu vergewissern, dass ich nicht dieser Mensch in dieser Notlage bin, oder mir nach einem anstrengenden Gespräch eine Zeit zum Nachdenken zu gönnen.

Meine Empfehlung: Distanzierte Anteilnahme einüben und dabei in Kontakt mit mir bleiben.

Beständigkeit und Gelassenheit leben
Beständigkeit im Alltäglichen mag heute eine ungewohnte Arbeitshaltung sein, wo Flexibilität, Karrieresprung und der kurzfristige Erfolg zählen. Doch aus eigener Anschauung weiß ich, dass nicht nur die gesteigerte Effizienz, sondern auch das gelassene Handeln zum Erfolg beitragen. Ich brauche eben Zeit, um

mir neue Ziele anzueignen. Eine gute Idee will heranreifen und im Dialog geschärft sein. Ein Projekt zeigt dann erst Früchte, wenn ich die im Maßnahmenplan angepeilten Schritte Tag für Tag umsetze. Ich bleibe bei der Sache und führe sie zu Ende. So werde ich zuverlässig.

Die Herausforderung ist aber noch größer: Einer zu werden, der nicht krampfhaft an einer Arbeit festhält, sondern diese auch lassen kann. Der Gelassene weiß um das rechte Maß zwischen Workaholismus und Flucht in die Arbeit auf der einen Seite und der Flucht vor der Arbeit, die sich in Trägheit und Desinteresse, in Entscheidungslosigkeit und fehlendem Antrieb wie auch in der Angst vor Verantwortung auf der anderen Seite zeigt. Für ihn bewährt sich die Gelassenheit gerade in den Widrigkeiten der Arbeit, dort, wo er lustlos wird oder vielleicht aufgeben will. Der Gelassene erlernt das Ja zu seinen eigenen Grenzen und wird – oft mühevoll – auf seine Möglichkeiten achten. Er kann von sich lassen, weil ihm ein ganz Anderer weiterhilft.

Meine letzte Empfehlung: Bei der Sache bleiben und inneren Abstand zur Arbeit finden.

Erholung und Entspannung

Starke und anhaltende Belastungen sorgen für psychischen Stress. Die Folgen wie psychosomatische Störungen, Konzentrationsmängel, innere Unruhe oder Verlust des Selbstwertes haben wir schon beobachtet. Oft bemerken wir dann zwar die Erschöpfung, aber es fällt uns schwer, etwas dagegen zu tun.

Die Anspannung bleibt, die Regeneration ist trotz eingeplanter Erholung unzureichend. Wer im Stress steckt, muss Erholung und Entspannung, die Muße und das Pausieren, Ruhe und Gelassenheit wieder aktiv erlernen. Wir können Stresskompetenz entwickeln, durch die wir kurzfristig Spannung abbauen, uns aktiv erholen und mental abschalten erlernen, um danach körperlich und geistig-seelisch gelöst zu sein. Denn wer entspannt ist, verbraucht weniger Energie, hat einen ruhigeren Atem, stabilisiert den Kreislauf, löst die verspannte Muskulatur, regt die Hirnaktivität positiv an, tut sich und seinem Körper gut.

Wege zur Erholung und Entspannung gibt es viele: Der regelmäßige und ausreichende Schlaf ist die zuverlässigste Methode, um einer generellen Erschöpfung zu wehren. Aktive Regeneration kann ich (ohne Urlaubsstress) in Freizeit und Urlaub finden. Methoden der Entspannung wie autogenes Training, progressive Muskelentspannung und Meditation stärken sowohl den Körper als auch den Geist. Ich lerne dabei, mich zu konzentrieren, und übe Selbstkontrolle ein. Solche Verfahren erfordern ein geduldiges Lernen und ein beharrliches Üben, so dass ich an dieser Stelle auf die vielerorts angebotene fachliche Unterstützung verweise. Darüber hinaus gibt es zahlreiche Alltagsstrategien, die mir den Weg zur aktiven Pause sichern helfen. Überlegen Sie selbst, was Ihnen guttut!

Zeiten für die Entspannung nehmen

Selbst ein ausgeklügeltes Zeitplansystem, das mir geplante Zeit zur Erholung sichert, reicht nicht, wenn es nicht ungeplante und unproduktive Zeiten geben darf. Erholung schenkt mir den Freiraum für mich selbst und wichtige Menschen, gibt mir neue Kreativität. »Wenn du erschöpft bist und müde, setze Dich in die Badewanne und entspanne Dich«, hat schon Thomas von Aquin gewusst.

》 Ich nehme mir eine stille Zeit und prüfe mich: Wann habe ich mich zum letzten Mal richtig entspannt? Was sind meine Wege, wie ich mich am besten erhole? Gönne ich mir genügend Schlaf?

Gesunde Ernährung und Bewegung sichern
Gestresste Menschen gehen wenig achtsam mit ihrem Körper um. Dabei sichern eine gesunde, abwechslungsreiche und in Ruhe eingenommene Ernährung und Bewegung die Zeit für sich selbst und stärken die körperlichen Widerstandskräfte. Sport schützt vor Stress; Herz und Kreislauf bleiben gestärkt, mein Stoffwechsel verbessert sich, das Immunsystem bleibt aktiv.

》 Ich nehme mir eine stille Zeit und prüfe mich: Wann habe ich mich in letzter Zeit intensiv an der frischen Luft bewegt? Bin ich mit meiner Leistungsfähigkeit zufrieden? Wie sieht meine Ernährung aus?

Zeit gestalten

Wer unter der Hektik seinen Tag gestaltet, verliert seine Zeit. Ich finde zu meiner Zeit, wenn ich folgende Aspekte beachte:

Mich in der langen Weile üben
Tätige Gelassenheit und produktive Langsamkeit, träge Schnelle gegen den Widerstand alltäglicher Hetze tun gut. Indem ich in Distanz zur Hektik und Betriebsamkeit gehe, die permanente Hochtourigkeit sein lasse, darf sich Kreativität entwickeln, schöpferische Kraft. Ich erspüre neues Leben und sehe mein Tun als Teilhabe an der Schöpfung.

》 Ich nehme mir eine stille Zeit und prüfe mich: Wo sind in meinem Alltag die Gegenzeiten der Entschleunigung?

Mir Zeit lassen für das Überdenken und Verarbeiten
Ich bin Realist genug, um einzusehen, dass im Alltag oft nicht genug Zeit zu sein scheint, nachzudenken und das Erlebte zu verarbeiten, dass vieles Routine bleiben muss. Doch wenn ich wichtige Erfahrungen unverarbeitet lasse, sie in meinem Inneren übereinander stapele, verschmutze ich meine Seele. Daher sichere ich mir Leerzeiten, in denen ich Erlebtes und Erfahrenes reflektiere und meine eigenen Ressourcen wahrnehmen kann. Die geistliche Tradition hat sich mit dieser Form gelebter Nachhaltigkeit auseinandergesetzt, wenn sie Aktion mit Kontemplation in eine produktive Spannung setzt und der Beschleunigung (die mir geschenkte Zeit gut zu nutzen) die Entschleunigung (das Hören auf Gott) als Korrektiv entgegensetzt.

》 Ich nehme mir eine stille Zeit und frage mich: Wo sind meine Räume, in denen ich meinen Alltag überdenke und mich befrage, was gut war und was weniger gut? Wo lasse ich mir Zeit für das Zuhören, das Mitdenken und Fragen? Binde ich diese Erfahrungen in Gebet oder Meditation ein?

Gespür für die Rhythmen und Übergänge des Lebens bewahren
Wenn ich gegen den Trend zur Vereinheitlichung der Lebens- und der Tageszeiten um die Rhythmen des Jahres und des Lebens weiß, bekomme ich ein Gespür für Entwicklung, für Eigenzeiten, die meinem Leben den ihm angemessenen Raum für das Wachsen und Vergehen lassen. Dies wird auch in den Passagen und Übergängen, den »Balancierstangen des Lebens« (Karlheinz Geißler), deutlich. Riten und Passagen tragen den Abschied vom Alten und den Beginn des Neuen in sich. Für solch eine passagere Existenz werde ich wach, wenn ich die alltäglichen Übergänge – das Aufstehen am Morgen, die gemeinsame Mittagsmahlzeit, der Weg von der Arbeit nach Hause – sorgsam vollziehe.

》 Ich nehme mir eine stille Zeit und prüfe mich: Was sind meine täglichen Rituale des Übergangs? Stehe ich in einer größeren Übergangszeit und lasse mir den Raum für mich?

Schöpferische Zeit mit anderen suchen
Wer Muße wirklich entdecken will, muss Beziehung wagen. Die Hinwendung zum anderen kann nicht beschleunigt vor

sich gehen. Erst wenn ich mir Zeit lasse und mir den Luxus schweigenden Hinhörens gönne, entdecke ich die Lebens-Zeit des anderen Menschen, werde ich in seine Lebensgeschichte mit hineinverwickelt, finde Raum zum gegenseitigen Du. Die Pause wird zur erfüllten Zeit, wo wir uns miteinander auf den Weg machen, einander erzählen, innehaltend das Herz in uns brennen und uns von dem je größeren Geheimnis unseres Lebens einfangen lassen.

》 Ich nehme mir eine stille Zeit und prüfe mich: Wo habe ich schöpferische Zeiten im Gespräch mit anderen Menschen? Wenn ich an das letzte Gespräch dieser Art denke, dann kommen mir folgende innere Regungen und inspirierende Gedanken ...

Ruhe finden im (Arbeits-)Alltag

Viele kleine Unterbrechungen werfen mich immer wieder aus der Bahn. Die tagtäglichen Störungen nerven mich. Ein Telefonat unterbricht meinen Gedankengang. Ich kann eine Arbeit nicht zu Ende führen, weil ein Kollege sich etwas von mir wünscht. Komme ich mit dem Bedürfnis nach Hause, auszuruhen, werde ich garantiert von neuen Aufgaben in Beschlag genommen. Dringende Geschäfte müssen getan werden. Am Ende habe ich wieder nichts geschafft und meine innere Ruhe verloren. Aber es gibt wirksame Gegenmaßnahmen, um aktiv zu sein und die innere Ruhe zu finden:

Momente der aktiven Entspannung suchen
So sind es im Gegenzug die kleinen Momente der Entspannung, die wie ein Pausensnack für die Seele wirken. Ich sitze im Büro, schaue von meinem Schreibtisch aus für einen Augenblick nach draußen und hole tief Luft. Ich strecke mich. Ich genieße eine Tasse Tee. Ein, zwei Minuten lang achte ich darauf, wie ich atme. Ich bin für eine gewisse Zeit nicht erreichbar und vollende einen begonnenen Arbeitsgang. So ist die Kunst des Ausruhens ein Teil der Kunst des guten Arbeitens.

Im Einüben von Momenten der Entspannung lebe ich eine tiefere Grundhaltung, *lebensfrohe Einfachheit*. Wie oft verspüre ich in mir den Impuls, noch schnell etwas in einen freien Augenblick hineinzupressen, einen Telefonanruf etwa oder eine Besorgung. Zu gerne lasse ich mich ablenken: Schnell noch einen Zeitungsartikel lesen oder ein Stichwort im Internet nachschlagen, das geht gerade noch. Ich kann aber auch anders: »Lass Deine Gefühle zwei oder drei sein und nicht hundert oder tausend. Führe Buch auf Deinem Daumennagel«, hat Henry David Thoreau einmal gesagt. Er meint damit die lebensfrohe Einfachheit, in der ich meinem Impuls zur Zerstreuung absichtsvoll entgegenwirke. Ich entscheide mich, eine Sache bewusst zu machen und dabei voll und ganz da zu sein. Als Vater einer Familie, in der das ganz normale Chaos des Lebens stattfindet, als Verantwortlicher, der eine Fülle von Aufgaben erledigen muss, als beruflich Vielbeschäftigter kann ich mich nicht einfach auf Dauer in die Stille eines Klosters zurückziehen. Ich kann aber Momente gestalten, in denen ich präsent bin. Ich kann mich immer wieder üben, mich nicht ablenken zu lassen. Ich kann die frohe Einfachheit des Lebens genießen: einen Spaziergang, das gemeinsame Frühstück, das Musikstück, dem ich aufmerksam lausche.

Durch Meditation zur Ruhe finden
Wenn die kurze Entspannung der Pausensnack ist, dann ist das meditative Zur-Ruhe-Kommen die vollwertige Nahrung. Wie viele andere auch verwende ich gerne meine Energie für die vielfältigen Aktivitäten des Lebens. Aktives Leben schenkt mir Zufriedenheit, Glück und Sinn. Doch wenn ich nur nach außen gerichtet bin, droht ein wesentlicher Teil meiner selbst zu verkümmern. Mir geht die Energie verloren, die mir von innen heraus Leben schenkt. Mein inneres Leben kommt zu kurz, die Seele findet keine Ruhe. Geistige und seelische Entspannung finden nicht mehr in ausreichendem Maße statt. Ich kann nicht mehr abschalten und loslassen. Die Aufmerksamkeit für mich selbst geht mir verloren. Hier kann mir Meditation helfen. Denn unabhängig davon, welchen Weg des Übens ich gehe, ich übe mich in einer Grundhaltung menschlichen Daseins ein, dem Weg nach innen. Dabei gehe ich grundlegende Schritte.

Ich stelle mich meinem *inneren Erleben*. Im Alltag weichen wir zu gerne bedrückenden und belastenden Gefühlen aus: Unruhe, Ärger über andere, Angst vor Versagen. Wir verdrängen so unser inneres Erleben. Nicht erkannte Ängste und gewaltsam unterdrückte Gefühle können aber explodieren, unkontrolliert unser Leben vergiften und Stress verursachen. Im meditativen Üben stelle ich mich mir selbst. Es geht überhaupt nicht darum, schweigend die in mir hochkommenden Gefühle wegzudrücken. Im Gegenteil, ich lerne mein inneres Leben kennen. Ich schaue meine Gedanken, Emotionen und inneren Reaktionen an, so wie sie gerade sind und ohne mich zu beurteilen. Ich beobachte mich einfach. Ich lerne es, mit meinen Gedanken umzugehen und mich selbst anzunehmen. Ich übe *Loslassen* und *Annehmen*. In der Ruhe erkenne ich neue Seiten meiner selbst, ungewohnte und befremdende, freudige und erregende. Diese Erfahrungen gehören mir. Ich kann mich in meinen Erfahrungen annehmen, ohne mich an diesen krampfhaft festzuhalten.

Aus dem Annehmen meiner selbst wächst im Paradox das Loslassen meiner selbst. Im Loslassen werde ich freier. Ich nehme Fühlung mit mir selbst auf. Ich lerne, mich in der Gegenwart einzufinden. Ich lerne, mich so sein zu lassen wie ich bin. Mich mir stellen, mich selbst annehmen und mich loslassen – der Weg der Meditation ist keineswegs ein Weg des Nichtstuns, sondern ein Weg des Übens. Das Üben ist die Arbeit in der Meditation. Üben erfordert Disziplin, ein Leben lang.

Aus dem Loslassen wächst die innere Ruhe. Ich sammle mich, bin einfach da oder lasse einen Gedanken oder ein Wort wirken. Diese Ruhe ist nicht gemacht. Sie ist vielmehr ein Geschenk, eine Gnade. Indem ich mich im Sitzen, im Atmen, manchmal auch im Beten auf mich einstelle, darf ich den guten Geist des Lebens wirken lassen. Die Frucht ist eine größere Gelassenheit im Alltag und die innere Erkenntnis, dass ich getragen bin. Gegen die Ungeduld meines Herzens und gegen meine innere Ruhelosigkeit kann ich mich verändern lassen. Mein Tun bekommt innere Kraft.

Leben und Arbeit im Gleichgewicht

Klösterliche Architektur spiegelt menschliche Ordnung wider. Vom zentralen Umschlagsplatz aus, dem Kreuzgang, in dem man sich regelmäßig trifft, aber schweigt und sich zum Beten vorbereitet, von diesem Ort aus kann ich alle wichtigen Räume des Klosters erreichen: die Arbeitsstätten, die Räume für Erholung und den Speisesaal, die Zelle und die Bibliothek, das Besucherzimmer wie auch die Krankenstation und schließlich auch die Kirche, den Raum der Gottsuche. Diese Räume stehen für die Grunddimensionen unseres Lebens, für Arbeit und Spiel, für Körper und Geist, für gute Beziehungen und das Engagement für andere und schließlich auch für spirituelle Sehnsucht. Wie sieht der Kreuzgang meines Lebens aus?

Im Arbeitsalltag geht oft die Orientierung für die Fülle des Lebens verloren. Wir vergessen, uns in unserem persönlichen Kreuzgang zu sammeln. Dringliche Tätigkeiten schieben sich in den Vordergrund und rauben mir den Sinn für das Wesentliche. Wo Arbeit ein Übergewicht bekommt, spüre ich irgendwann, dass ich die anderen wesentlichen Dimensionen meines Lebens vernachlässigt habe. Das heißt nicht, dass jede der genannten Dimensionen zeitlich gleich stark gewichtet werden muss. Die Balance zu halten bedeutet, dass ich auf jeden der Lebensbereiche gelassen, zufrieden und mit Energie schauen kann. Die Balance zu finden ist ein kontinuierlicher Lernprozess. Ich kann mir eine Auszeit für mich nehmen und mir zu folgenden Fragestellungen Notizen machen:

》 Welche Berufung erfülle ich mit meiner *Arbeit*? Was sind die Talente und Fertigkeiten, die ich in meine Arbeit einbringe? Arbeit ist eine wesentliche Quelle von Selbstwert und innerer Befriedigung. Da wir einen großen Teil des Lebens in die Arbeit stecken, will ich wissen, was ich über meinen Lebensunterhalt hinaus mit der Arbeit erreichen will und wie ich sie gesund und erfüllend gestalte.

》 Wann und wo genieße ich die spielerischen Seiten meines Lebens? Freude am Dasein und Wohlgefallen am *Spiel*, Lachen und Verspieltheit im zweckfreien Tun können alle anderen Dimensionen meines Lebens bereichern.

》 Was tue ich für mein körperliches *Wohlbefinden*? Wie gesund fühle ich mich? Die Selbstsorge, die ich meinem Körper zukommen lasse, bildet die Basis für mein weiteres Leben: Ein gesunder Körper sichert mir Vitalität und geistige Spannkraft und die Annahme meines Körpers, auch meiner Gebrechen, ist Grundlage für ein versöhntes Leben.

》 Wie gut achte ich auf meine geistige und emotionale Gesundheit? Die intellektuellen und kreativen Ressourcen meines *Geistes* können mir helfen, vertrauensvoll und sinnstiftend ins Leben zu gehen.

》 Welche *Beziehungen* pflege ich – privat und beruflich? Wie lebe ich Partnerschaft, Familie und mein persönliches Netzwerk? Wo Liebe gelingt und ich Isolation durch Beziehungen überwinde, glücken Respekt und Würde, Integrität und Offenheit wie auch Engagement für das Wachsen des anderen.

» In welchen Bereichen engagiere ich mich für andere und das *Wohl der Gemeinschaft*? Wo ich in meinem Engagement über mein direktes Umfeld hinausreiche, da trage ich zum Gelingen und zum Fortschritt des Lebens aller bei.

» Wo und wie gebe ich meiner Sehnsucht nach mehr Ganzheit und nach dem Sinn meines Lebens Raum? *Spiritualität* ist die verbindende Klammer aller Lebensdimensionen. Durch unser spirituelles Dasein, durch unsere Verbundenheit mit Gottes Geist, gewinnen wir Liebe und das Gespür für mehr Ganzheit im Leben.

Bewältigung am Arbeitsplatz

Ein Mönch, der arbeitet, wird von einem Arbeitsteufel gezwickt, ein arbeitsscheuer von zahllosen überfallen.
Johannes Cassian

»*Natürlich kenne ich für mich Wege, um für mich am Arbeitsplatz etwas gegen Erschöpfung zu tun*«, antworten mir Teilnehmer einer Selbsthilfegruppe. »*Ich gehe, wenn es besonders anstrengend ist, erst einmal durch meinen Betrieb und rede mit Mitarbeitern. So verschaffe ich mir Luft.*« – »*Ich erstelle mir Zeit- und Arbeitspläne und habe feste Besprechungen eingeplant.*« – »*Ich habe, zugegeben mühsam, das Delegieren gelernt.*« – »*Ich gönne mir etwas Schönes am Schreibtisch – eine Blume oder ein Foto.*«

Es gibt zahlreiche selbst verantwortete Strategien zur Verbesserung des Arbeitsplatzes und zur Steigerung der Arbeitszufriedenheit. Da innere Erschöpfung wesentlich durch die Arbeitsumwelt mitgeprägt ist, sind darüber hinaus allgemeine Maßnahmen zum Abbau von Stress und Erschöpfung am Arbeitsplatz hilfreich und notwendig:

Die Arbeitsbelastung abbauen

Belastungen durch die Arbeit erscheinen heute übermächtig und entwickeln eine Eigendynamik. Für viele erscheint es fast unmöglich, den Belastungen – Erwartungen, Anforderungen, Leistungsbeschreibungen, Ziel- und Qualitätskontrollen etc. – auszuweichen.

Je mehr ich mich kontrolliert fühle, desto ohnmächtiger werde ich und verliere die Selbstkontrolle. Selbst dort, wo dem nicht so ist, scheint sich die Belastung zu steigern: Lebendige und erfolgreiche Organisationen stellen Anforderungen, die den Einzelnen schnell überrollen können. Ich muss es lernen, mit der Überfülle umzugehen und mich zu beschränken. Um heute gut zu arbeiten, muss ich mich bewusst und gezielt anstrengen, damit aus der Überlastung eine sinnvolle und herausfordernde Belastung wird.

Wenn auch manchmal nur in Maßen: Ich kann etwas gegen die Überlastung tun. Konkrete Schritte können sein:

» *Belastungen identifizieren*
  Wo bin ich übermäßig verfügbar? Was macht mich müde? Ist es eher das Maß an Arbeit oder eine emotionale Belastung? Wann und wo habe ich nicht genügend Zeit, wo zu viel? Wo wird mir nachweislich zu viel Arbeit zugewiesen?

» *Meine eigene Belastbarkeit überprüfen*
  Belastbarkeit ist, wenn sie eine innerlich angenommene Haltung ist, eine wunderbare Alternative zur Erschöpfung, denn es gibt kaum einen Menschen, der nicht an einer her-

ausfordernden Situation wachsen und sich sinnvoll engagieren möchte. Wo sind die echten Herausforderungen in meiner Arbeit? Will ich diese annehmen? Welche begleitenden Maßnahmen kann ich treffen, um körperlich fit und durch andere geistig angeregt in die Herausforderung zu gehen?

》 *Anforderungen reduzieren*

Dies ist der direkteste Ansatz, um Belastungen abzubauen. Menschen, die diesen Weg bewusst wählen, nehmen Einschränkungen wie eine Reduzierung der Arbeitsstunden in Kauf, um wieder mehr Glück zu gewinnen. Kann und will ich diesen Weg gehen?

》 *Zeitmanagement praktizieren*

Die Kunst des Zeitmanagements ist inzwischen allgemein bekannt und eine bewährte Hilfe, um gegen die Ablenkungen des Alltags anzugehen und zielorientiert zu handeln. Wo sind meine Zeitfresser? Welche Prioritäten habe ich? Welche Arbeiten kann ich delegieren? Was lasse ich getrost liegen?

》 *Selbstkontrolle stärken*

Welche eigenständige Verantwortung habe ich und wie nehme ich diese wahr? Kann ich und will ich mehr Autonomie leben? Was sind meine persönlichen Ziele, die ich auf jeden Fall erreichen will? Wo will ich alleine, wo etwas mit anderen erreichen? Wo unterziehe ich mich der Selbstkontrolle durch festgelegte Arbeitsschritte, Erfolgskontrolle und Feedback und belohne mich so selbst?

Soziale Unterstützung aufbauen

Soziale Unterstützung wird von den Fachleuten als der Königsweg aus der inneren Erschöpfung beschrieben. Soziale Unterstützung wird uns durch dauerhafte zwischenmenschliche Beziehungen gegeben. Das sind Menschen, die mich in der Not unterstützen, Menschen, die mir emotionalen Halt verschaffen, und auch Menschen, die mir praktische Hilfe geben. Von diesen Menschen erhalte ich echte Rückmeldung zu meinem Tun. Bei ihnen kann ich mir sicher sein, dass sie Werte und Lebensstandards mit mir teilen. Soziale Unterstützung brauchen wir in der Arbeit wie auch in allen anderen Lebensbereichen: durch Kollegen, mit denen wir gemeinsam eine Aufgabe erledigen, durch Bekannte, die uns praktisch helfen, durch Freunde, die mir emotionalen Rückhalt geben. Vor allem in Krisen benötigen wir praktischen und emotionalen Halt – Unterstützung wie auch Herausforderung –, um unsere eigenen Ressourcen in Gang zu setzen.

Wir brauchen Menschen, die uns informieren, sachlichen Rat geben oder uns ihr Ohr leihen. Unterstützung zeigt sich demnach ganz praktisch im Zuhören, in sachlicher Unterstützung und Herausforderung, in der emotionalen Stütze wie auch durch das Gefühl, gemeinsam in einem Boot zu sitzen. Die wichtigste und wirksamste soziale Unterstützung geben mir die regelmäßigen Kontakte zu einigen mir wichtigen Menschen, auf die ich mich verlassen kann, denen ich vertraue und mit denen ich gegenseitige Fürsorge lebe. Soziale Unterstützung stärkt meine Kompetenz im Umgang mit anderen; so lerne ich es, mich auf unterschiedliche Menschen einzustellen, ich übe Zusammenarbeit, begebe mich offener in Konflikte und lebe Dialog.

Soziale Unterstützung kann ich auch am Arbeitsplatz fördern. Wenn Kolleginnen und Kollegen mir praktische, fachliche und emotionale Unterstützung geben, wenn sie mir mit Rat und Tat zur Seite stehen, wenn sie mich informieren oder auch in fachlichen Fragen herausfordern, dann geschieht soziale Unterstützung am Arbeitsplatz. Ich kann dabei auf Instrumente zurückgreifen, die mir in der Arbeit angeboten werden: Gesprächs- und Supervisionsgruppen, kollegiale Beratung oder das Teamgespräch. Vertrauensvolle Beziehungen bauen mich auf. Ich muss nicht alles alleine machen. Im Ernstfall weiß ich: Da ist jemand, der Interesse an mir und meiner Arbeit hat, der mich in Beziehung bringt zu anderen Menschen und mich als Mensch herausfordert.

》 Einige Fragen, die ich in einer ruhigen Stunde für mich beantworte, können nochmals den Wert sozialer Unterstützung verdeutlichen:

Von wem kann ich jederzeit praktische Unterstützung bekommen? Mit wem unternehme ich gerne etwas? Wer nimmt Mühen auf sich, um mir bei Schwierigkeiten zu helfen? Wer ist für mich da, wenn mir zum Weinen zumute ist? Wem kann ich ganz vertrauen? Mit wem zusammen fühle ich mich richtig wohl?

Ausgeglichen arbeiten

Der hl. Benedikt, von dessen Regel (RB) ich mich nun inspirieren lasse, kennt die Arbeit. Alle sollen der Arbeit nachgehen (RB 48,1), denn die Arbeit dient dem Lebensunterhalt wie auch Werken der Nächstenliebe. Aufrichtig arbeitet, wer sich für die Gemeinschaft einsetzt. Arbeit ist nicht Selbstzweck, sondern von einem tieferen Sinn getragen. Benedikt relativiert daher auch das Arbeiten: Dem Gottesdienst soll man nichts vorziehen (RB 43,3). Die Arbeit soll keinen erdrücken, sie soll »ohne Murren und besondere Mühe« (vgl. RB 35,13) erbracht werden.

Arbeite mit *Maß*! Mehrmals spricht Benedikt in seiner Regel von Übermaß und Erschöpfung, jedoch weiß er im gleichen Atemzug davor zu schützen. Denn es geht ihm um das rechte Maß zwischen überheblicher Arbeitssucht (RB 57,2) und Müßiggang (RB 48,1), die beide der Seele Feind sind. Benedikt kennt die Unterforderung, die zu einem trägen Herzen führt, aber auch die mutlos machende Überforderung. Benedikt legt umsichtig das rechte Maß auf, mutet weder Hartes noch Schweres zu (vgl. RB Prol. 46). Anforderungen sollen den Fähigkeiten gemäß gesetzt werden. Wenn die Starken unterfordert werden und die Schwachen überfordert, dann ist der Unzufriedenheit Tür und Tor geöffnet. Denen, deren Arbeitskraft eingeschränkt ist, soll eine besondere Sorgfalt entgegengebracht werden; sie sollen »nicht durch allzu große Last der Arbeit erdrückt oder sogar fortgetrieben« (RB 48,24) werden. In allen diesen Orientierungen steckt ein gerütteltes Maß an Menschlichkeit, die auf Ausgeglichenheit bedacht ist. Discretio –

Maßhalten und Unterscheidungsgabe in einem – wird zur Richtschnur humanen und lebensdienlichen Arbeitens. Wem das Maßhalten gelingt, der flieht weder in die Arbeit noch vor sich selbst.

Beim Jahresgespräch äußert eine Mitarbeiterin Sorgen. In ihrem Kernbereich fühle sie sich sicher und sei auch mit ihren Leistungen zufrieden. In der neuen Aufgabe, die ich ihr vor einigen Monaten aufgetragen habe, sei sie aber an eine Grenze gestoßen. Sie habe voller Elan den Auftrag angenommen und sich dabei wohl auch übernommen. Jedenfalls sei sie gegenwärtig ausgelaugt und müde. Sie könne nur schwerlich Wichtiges von weniger Wichtigem unterscheiden. Sie sei sich ihrer Sache nicht mehr sicher. Zuhörend frage ich mich, wo bei ihr Aufgabe und Können zusammenfallen. Ich prüfe mich, ob ich sie ausreichend unterstützt habe. Ich melde ihr zurück, dass sie die Aufgabe in meinen Augen qualifiziert erledige, und gebe ihr eine positive Rückmeldung über ihre Erfolge. Sie atmet erleichtert auf. Wir kommen auf ihre Unsicherheiten zu sprechen. Ich leihe ihr mein Ohr. Gegenseitiges Vertrauen prägt die Atmosphäre. Gemeinsam legen wir die Ziele für das kommende Jahr fest, besprechen Maßnahmen, die ihr Sicherheit geben können. Unser Ergebnis: Maß in der Arbeit zu halten ist eine Herausforderung.

Benedikt kennt den *Missmut* in der Arbeit. Auch in seiner Gemeinschaft kommt es zu Spannungen und Ärger über Arbeitseinsätze. Er weiß, dass in diesen Erfahrungen stets auch die Konfrontation mit sich selbst stattfindet. In der Überforderung stößt einer an seine Grenze und kann zu Größerem aufbrechen. Wenn mein Arbeitsalltag voll ist, wenn ich vor Stress nicht mehr weiterweiß, wenn ich müde bin und erschöpft, dann kann mich der Umgang mit dieser Grenzerfahrung für Neues öffnen. Arbeit ist so Arbeit an mir selbst. In der Arbeit kann ich mich selbst besser kennen lernen. Arbeit formt den Menschen. Durch sie wird eine ganze Reihe von inneren Haltungen geschult: Dienen in Liebe (vgl. RB 35,1ff), Demut und Gehorsam (vgl. RB 57,1ff), Sorgfalt in den alltäglichen Verrichtungen (vgl. RB 31,10ff) und schließlich gerade in schwierigen Situationen die Erfahrung, mich und meine Arbeit vor Gott hinzustellen. So soll man durch die Arbeit zu mehr Gelassenheit gelangen. Denn die Gelassenheit fördert den Menschen in seiner Mitte.

Benedikt gestaltet bekanntlich das Arbeiten im Wechsel von *Arbeit* und *Gebet*. »Müßiggang ist der Seele Feind. Deshalb sollen die Brüder zu bestimmten Zeiten mit Handarbeit, zu bestimmten Stunden mit heiliger Lesung beschäftigt sein.« (RB 48,1) Die äußere Ordnung stützt die innere Ordnung des Lebens. Der Alltag erweist sich als das Gestaltungsmoment des spirituellen Lebens und umgekehrt. Der Arbeitsalltag selbst gestaltet unser Leben mit Gott. Auch wenn das nur für einige Momente ist, so kann ich mitten im Arbeiten mein Herz sammeln. In der Sammlung lasse ich mich nicht von der Stundenhetze meines Terminkalenders diktieren, sondern nehme Abstand, um die vielfältigen Gedankensplitter loszulassen und meine Seele zu öffnen. Das ist der eigentliche Anspruch der Arbeit: dort, wo es nicht so aussieht, in den alltäglichen Verrichtungen Gottes Gegenwart zu suchen. Auch die unscheinbarste Arbeit wie zum Beispiel der Tischdienst wird vom Gebet um die Hilfe Gottes eingerahmt, beginnt wie das Chorgebet mit dem bewährten Ruf: »O Gott, komm mir zu Hilfe! Herr, eile mir zu helfen!« Arbeit wird zum Ort der Gottsuche. Man stellt sich unter Gottes Schutz und Weisung. Einer der Kernsätze der Benediktsregel – »damit in allem Gott verherrlicht werde« (RB 57,9) – steht nicht in den Ausführungen über den Gottesdienst, sondern im Kapitel über Handwerk und Handel.

Mit Überforderung umgehen

Benedikt kennt die Überforderung und sieht den Umgang damit als geistliche Schule. Im Kapitel 68 seiner Regel schreibt er:

Wenn einem Bruder etwas aufgetragen wird,
das ihm zu schwer oder unmöglich ist,
    nehme er zunächst den erteilten Befehl an,
        in aller Gelassenheit und im Gehorsam.

Wenn er aber sieht, dass die Schwere der Last
das Maß seiner Kräfte völlig übersteigt,
    lege er dem Oberen dar, warum er den
    Auftrag nicht ausführen kann,
        und zwar geduldig und angemessen,
        ohne Stolz, ohne Widerstand, ohne Widerrede.

Wenn er seine Bedenken geäußert hat,
    der Obere aber bei seiner Ansicht bleibt
    und auf seinem Befehl besteht,
        sei der Bruder überzeugt, dass es so für ihn gut ist;
        und im Vertrauen auf Gottes Hilfe gehorche er aus Liebe.

Bewältigung am Arbeitsplatz

Schon beim genauen Lesen fällt mir auf, wie sorgfältig Benedikt dieses Kapitel verfasst hat und dabei einen für unsere Thematik aufschlussreichen Weg geht. Dreimal nimmt er Anlauf: den Befehl gelassen annehmen, seine Bedenken äußern und im Vertrauen handeln. In der Sache geht es ihm um den Gehorsam in einer unmöglich erscheinenden und unausweichlichen Situation. Das Thema, der Gehorsam, erscheint uns auf den ersten Blick fremd und ungewohnt, die Erfahrung, mit einer Überforderung umgehen zu müssen, dagegen nahe und vertraut. Benedikt hat das ganze Kapitel aus der Sicht des Bruders geschrieben; er zeigt somit Verständnis für die Erfahrung des Betroffenen.

Ich kann mir die Situation gut vorstellen. Da wird einem eine unmögliche Aufgabe gestellt; eine schwere Aufgabe, eine neue Verantwortung, die Versetzung in einen neuen Arbeitsbereich. Ich würde mich belastet fühlen, meine Gedanken und Gefühle wären durcheinander, ich könnte nicht mehr recht schlafen und wäre blockiert, wenn diese Aufgabe für mich zu schwer und zu belastend wäre. Unter einer solchen Last wäre ich nicht mehr frei. Benedikt erlaubt dem Bruder, genau diese Erfahrung zu machen: Ihm darf die Aufgabe schwer und unmöglich sein. Aber er legt ihm nahe, nicht sofort und unüberlegt zu reagieren, sondern den Auftrag zunächst anzunehmen. Zwischen den Zeilen höre ich den Aufruf: »Denke noch einmal nach! Schlafe darüber! Überlege nochmals, ob Du die Aufgabe nicht doch schaffst.« Er gibt erstens ein Recht auf subjektive Wahrnehmung, überfordert zu sein, und eine Pflicht, achtsam und geduldig damit umzugehen.

Benedikt entwickelt nun in einem zweiten Schritt einen Leitfaden für den konstruktiven Umgang mit Überforderungen, eine einfühlende Beschreibung dessen, wie Maßhalten und Unterscheidung in schwierigen Situationen geht. Schritt für Schritt geht er einen weiten inneren Weg, einen Weg, der durchaus krisenhafte Züge zeigen kann; er begibt sich auf eine Gratwanderung, die aber ihre konstruktive Zielrichtung nicht aus den Augen verliert.

Die erste Haltung ist die *Gelassenheit*, die Fähigkeit, eine aufgetragene Verpflichtung stehen zu lassen und so zur inneren Ruhe zu kommen. Im lateinischen Text steht »mansuetudo« und in diesem Wort steckt einerseits das manere, das Dabeibleiben, andererseits haben die alten Ausleger darin das Wort manus, Hand, gesehen. Ich muss zuerst Hand anlegen, einen Sachverhalt sprichwörtlich begreifen, bevor ich mich an ihn heranmache und etwas verändere. Dass etwas gut von der Hand geht, ist bei Benedikt ein Zeichen der Gottesfurcht (vgl. RB 66,4), Haltung desjenigen, der die Dinge als von Gott herkommend versteht. Das Gegenstück wäre die unbeherrschte, undisziplinierte und unbedachte Reaktion. Da ist die zweite Haltung, die zum Gelten-Lassen des anvertrauten Anspruchs führt: der Gehorsam. Wer mit wachem Sinn Gehorsam übt, ist nicht blind, sondern hört genau hin, vernimmt die Zwischentöne und sieht die Schattierungen, achtet auf das, was der andere sagen will und auf seine inneren Regungen, hält sein inneres Ohr offen.

Nun geht Benedikt nach dieser Phase der inneren Annahme einen Schritt weiter. Die Überforderung soll man nicht einfach herunterschlucken. Das wäre dem Menschen und der Sache nicht dienlich. Wenn die Last nach sorgfältigem Hinschauen immer noch schwer ist, wenn weiterhin das Empfinden besteht, dass die Aufgabe zu groß und alles zu viel ist, dann legt Benedikt es ausdrücklich nahe, seine Bedenken begründet und *liebevoll* zu äußern. Es sollen die Gründe aufgeführt und nicht einfach die Empfindungen, Gefühle und Vermutungen hinausgeschleudert werden und sie sollen dem Oberen dargelegt werden, dem, der den Auftrag verantworten muss, und nicht dem ersten besten Freund, der einem willfährig ist und das Wort redet. Ihm muss man seine Argumente unterbreiten. Man tue dies geduldig und angemessen. Geduldig sein ist bei Benedikt ein Zeichen menschlicher Reife, denn geduldig ist man vor allem den Schwachen gegenüber. Angemessenes Handeln zeigt sich in zweierlei Weise: Man wahrt im Argumentieren das rechte Maß und trägt sein Anliegen zur gegebenen Zeit vor und nicht unzeitig, wenn es dem Gesprächspartner nicht passt oder dieser kein offenes Ohr hat. Erst dann kann die Einsicht gefördert werden. Das ist etwas ganz anderes als das ungeduldige, übertriebene und unzeitige Vortragen der eigenen Argumentation.

Benedikt kennt die Möglichkeit des Scheiterns, dass alles im Unwillen und in der Blockade verloren geht. Deswegen nimmt er in der Folge Abgrenzungen vor; drei Fehlhaltungen sollen auf keinen Fall eingenommen werden: Stolz, Widerstand und Widerrede. Denn der Stolze ist uneinsichtig und auf seinen eigenen Willen bedacht. Hartnäckig, vielleicht arrogant und überheblich, mit verletztem Stolz erhebt er sich über seinen Gegner und will nur sich durchsetzen. Der Widerständige ist ein Sturkopf, nicht zum wirklichen Gespräch bereit, er geht opponierend in die offene Gegenhaltung und wird unfähig, die Sache weiterzuführen. Der Mensch in der Wider-Rede ist ein

Aber-Geist. Er hat eine feste Meinung und nur seine Gegenposition im Blick. Wo in solchen Haltungen argumentiert wird, ist das Gespräch bald zu Ende. Wo es aber gelingt, den Prozess in eine positive, annehmende und konstruktive Haltung zu führen, wird die mühsame und belastende Aufgabe gemeinsam bearbeitet. Dann kann auf beiden Seiten die Einsicht wachsen. Als Appell formuliert: Sei zur Einsicht offen, bleibe gesprächsbereit und lasse dich auf die Argumentation des anderen ein. Dieses Vorgehen entspricht dem Vorgehen, wie es auch sonst bei Benedikt üblich ist, erst sorgfältig hinzuhören und die Sache zu erwägen, bevor ich entscheide oder eine Position beziehe. (Vgl. RB 3,2) Dann kann ich es schaffen, mich von meinen Vorbehalten und Verstrickungen zu lösen und objektiv zu bleiben.

Der Obere, dazu ist er nun verpflichtet, hat die Argumentation gehört. Bleibt er, in der Verantwortung für das Ganze stehend, bei seiner Ansicht, nehme der Bruder die Entscheidung an. »Er wisse es«, sagt Benedikt wörtlich, er eigne sich den Auftrag innerlich an und gelange so zur inneren Überzeugung, einer Überzeugung, die Benedikt sonst dem Abt und den Älteren zuschreibt. So übernehme ich Verantwortung für mich und wachse und reife innerlich. Eine solche Annahme ist nur möglich, wenn beide Seiten sich in den Dialog begeben haben.

So entsteht ein Prozess inneren Reifens: Ich übe mich, in Annahme statt in die permanente Verhärtung und in den Widerstand zu gehen, übe den Dialog, statt ihn zu verweigern, und wir hören beide genau hin. Dann lerne ich und kann auch einmal meinem erstarrten Willen misstrauen, dann halte ich mich nicht zu gut für einen Auftrag, dann riskiere ich die Herausforderung, und wenn es angebracht ist, schweige ich und höre.

Am Ende kommen wir zu drei Haltungen, die nicht nur den reifen, sondern den im Glauben gewachsenen Menschen auszeichnen. Er vertraut auf Gottes Hilfe, er horcht hin, was von Gott wirklich geboten ist, und er lebt Nächstenliebe. Er vertraut auf Gottes Hilfe. Jetzt, zum Schluss, wird der wahre Handelnde offenbart. Gott ist es, der auf dem innersten Weg begleitet. ER hilft mir, dass ich mich nicht im Destruktiven festbeiße, sondern in einer schöpferischen Haltung bleibe. Zu ihm darf ich um Hilfe beten. Ich höre im Erwähnen der Hilfe Gottes das Gebet für alle Lebenslagen, das den Mönchen vertraute Hilfe-Gebet: »O Gott, komm mir zu Hilfe ...« In der Tradition der Väter ist dies jenes Gebet, das alle menschlichen Regungen, auch die Niedergeschlagenheit in der Überforderung, in sich aufnimmt. Ich bete zu Gott um Hilfe, stelle mich in kurzen Worten vor ihn, halte IHM meine Verzagtheit hin. Dann darf mein Herz still werden und sich weiten. Dann dürfen sich meine Verzagtheit und Schwere relativieren. Denn ich gehe in den Abstand zu mir selbst und entdecke, welche Kraft in mich gelegt ist. Von dieser Entdeckung ermutigt, fordert Benedikt seinen Bruder zu einem doppelten Schritt auf: er gehorche, er lebe aus Liebe. Er horche wirklich in sich hinein, was Gott von ihm will, und handle dann aus Liebe. In der Zwickmühle der beschwerlichen Belastung kann ich zur Weite meines Herzens finden und eine Atmosphäre des Verstehens und des Wohlwollens schaffen.

Dass dies keine zwischenmenschliche Einbahnstraße, sondern ein Weg des gegenseitigen Vertrauens ist, macht mir Benedikts Wort deutlich, dass die Verständigung aus Liebe, »ex caritate«, geschehe. Denn diese Formulierung hat er bereits wenige Kapitel vorher verwendet, dort aber als Leitwort für den Abt. Wo Fehler wuchern, schneide der Abt diese liebevoll ab (vgl. RB 64, 14). Praktisch im gleichen Atemzug trägt er dem Abt auf, seine Herde nicht zu überanstrengen und in die Überlastung zu treiben, sonst ginge sie zugrunde (vgl. RB 64,18). Der Weg des Mitarbeitenden und des Vorgesetzten, das Engagement des Bruders und die Verantwortung des Abtes treffen sich. Ganz offenkundig mutet Benedikt dem Bruder und dem Abt einen Lernprozess zu. Beide müssen sich intensiv mit der Überforderung auseinandersetzen. Beide sollen nicht impulsiv reagieren, sondern das angemessene Maß finden. Die Begegnung wird für beide eine Schule der Menschlichkeit und des Glaubens.

Benedikt gibt mir eine Hilfestellung, wie ich angesichts einer Überforderung auch heute noch in ein Gespräch gehen kann. Und er gibt mir das Leitwort, wie mein Handeln geschehe: ex caritate.

Burnout und Führung

*Suche die Halte- und Ruhepunkte
deines Lebens wieder.*
Horst Opaschowski,
Das achte Gebot des 21. Jahrhunderts

Wer führt, übernimmt Verantwortung für den Erfolg einer Organisation. Nun wäre es zu kurz gegriffen, Erfolg auf sichtbare Ergebnisse und harte Zahlen zu beschränken. Zum Erfolg gehört auch, dass in einer Organisation Ziele gefunden und umgesetzt werden, dass Werte und Sinn gestiftet sind, dass die Kunden zufrieden sind und die Mitarbeiterinnen und Mitarbeiter gerne arbeiten und sich dabei wohl fühlen. Wo Ausbrennen und Müdigkeit um sich greifen, ist der Erfolg einer Organisation gefährdet. Es gehört daher zu den Aufgaben von Führung, aktiv Maßnahmen zur Verhinderung von Burnout zu ergreifen.

Umgekehrt ist zu bedenken: Eine ausgebrannte Führungskraft kann eine ganze Organisation müde machen. »Es ist nicht gut, wie Du das machst«, sagt der Schwiegervater des Mose zu diesem. »Du bist müde und kraftlos. Du richtest dich selbst zugrunde und auch das Volk, das bei Dir ist.« (Vgl. Ex 18,18) Das ganze Volk leidet, weil Mose am Rande ist. Vom Morgen bis zum Abend hatte er Recht gesprochen und sah dabei kein Land mehr. Er ist müde. Nun muss er für sich selber sorgen lernen. »Gib Deine Verantwortung ab« – so der Rat seines Schwiegervaters Jitro. »Dann bleibst du deiner Aufgabe gewachsen und die Leute können alle zufrieden sein.« (Vgl. Ex 18,23)

Was kann demnach Führung tun, um das Ausbrennen vieler und den Raubbau an den Kräften ihrer Organisation zu verhindern? Was kann eine Führungskraft für sich tun?

Eine unterstützende Kultur fördern

In jeder Organisation gibt es Annahmen, die unausgesprochen von allen getragen werden, es gibt gemeinsame Werte, Überzeugungen und Erwartungen, es gibt eine spezifische Kultur. Ungeschriebene Normen und Regeln drücken sich in gemeinsamen Symbolen, einer eigenen Sprache und unhinterfragten Handlungen aus. Wir brauchen solche symbolgetragenen Handlungen, um im Alltag sicher zu sein und unsere Aufgaben routiniert zu erledigen. Diese Muster können aber auch erstarren und belastend wirken. Destruktive Muster können beispielsweise sein: das ungeschriebene Gesetz, dass man erst nach Hause geht, wenn der Chef Feierabend macht; die Auffassung, dass man nur ein guter Mitarbeiter ist, wenn man alles alleine macht, und deshalb ständig über Überlastung klagt; die Regel, dass man keinen Arbeitsauftrag ablehnt. Dann ist es Zeit, diese Muster zu unterbrechen.

Sobald wir die inneren Annahmen einer Organisation wie Fairness, Belohnung und Werte in den Blick nehmen, finden wir Faktoren vor, die die Erschöpfung, aber auch die Zufriedenheit fördern können. Wir berühren die ideelle Seite der Bewältigung von Ausbrennen. Strukturelle Maßnahmen wie Gehaltsanpassungen oder einschneidende Umstrukturierungen können mich in meiner Einstellung zur Arbeit beeinträchtigen. Ungerechte Belohnung drückt auch mangelnde Wertschätzung aus; sie reduziert die Motivation wie auch die Zufriedenheit am Arbeitsplatz. Mangelnde Belohnung zeigt sich auch in nicht zufriedenstellenden Arbeitsaufgaben. Wo möglich, kann ich über meine Gehaltserwartungen neu verhandeln. Ich kann für mich Formen der Belohnung finden, die über eine finanzielle Entlohnung hinausgehen wie Fortbildung oder Rücksicht auf Wünsche, wie ich meine Arbeitszeit gestalte. Ich kann meine Aufgaben klären und dabei aushandeln, dass ich für mich herausfordernde oder mir gelegene Aufgaben wahrnehmen darf.

Wo Fairness und Gerechtigkeit gelebt werden, erfahren die Mitarbeitenden Menschlichkeit. Ich kann diese Tugenden durch gemeinschaftliche Anstrengung stärken, indem ein höflicher Umgang miteinander zur selbstverständlichen Voraussetzung der Zusammenarbeit wird, die Vielfalt der Fähigkeiten wertgeschätzt wird oder Gerechtigkeit und Transparenz als Spielregeln für wichtige Entscheidungen wie Stellenbesetzungen eingeführt sind. So helfen Anstrengungen, die mir mein Handeln zu einem Beitrag für das größere Ganze machen. Und es helfen alle Initiativen, die meine Arbeit sinnvoll machen.

Die steuerlichen Mindereinnahmen zu Beginn dieses Jahrzehnts, Kürzungen im Sozialwesen und private Konkurrenz haben den Druck auf soziale Einrichtungen erhöht; so auch im Caritasverband der Stadt B., vor allem im ambulanten Pflegedienst. Es kam zu erzwungenen Leistungssteigerungen und Stellenabbau. Zunehmend schwerer wurde es, Standards wie Zeit für das Gespräch mit Patienten, Beratung von Angehörigen und eigene kollegiale Beratung umzusetzen. Nach der Phase der überlebenswichtigen Kürzungen setzt die Geschäftsführung bewusst auf entlastende und Werte vermittelnde Maßnahmen. Über eine Stiftung werden zusätzliche Gelder eingeworben, mit denen Zeitkontingente für das Patientengespräch finanziert werden. Ehrenamtliche unterstützen die Dienste und in Zusammenarbeit mit einem Seelsorger gibt es für die Pflegenden einen Raum für ihre eigenen Nöte und Anliegen.

Ich kann als Führungskraft eine unterstützende Kultur fördern. Ich kann Sinn und Werte stiften, indem ich Glaubenssätze realisiere, die nachvollziehbar und konkret sind. »Führungskräfte vertrauen ihren Mitarbeiterinnen und Mitarbeitern.« So heißt es in den Führungsgrundsätzen meiner Dienststelle. Was sich vordergründig wie eine Allerweltsregel liest, offenbart bei genauem Hinsehen eine weitreichende Wirkung: nämlich zu vertrauen, bis definitiv das Gegenteil erwiesen ist, und davon auszugehen, dass mein Gegenüber genauso handelt. Diese Spielform der goldenen Regel wird sehr schnell konkret, denn es bedarf verlässlicher, institutionell gesicherter Orte, an denen dieses Vertrauen erprobt und gefestigt werden kann. Es bedarf eines Raums, an dem ich das offene Ohr und Diskretion zugleich erfahren kann. Es bedarf des Gesprächs über unsere Zusammenarbeit, in dem diese Zusammenarbeit reflektiert wird und offen Ziele und Aufgaben entwickelt werden. Ich gewinne Klarheit, weil ich weiß, womit zu rechnen ist. Ich erkenne, was in unserer Organisation wert und wichtig ist. So wird Zusammenarbeit positiv und produktiv.

Mitarbeiterinnen und Mitarbeiter spüren sehr genau, wo Sinnaussagen nur Sonntagsrede sind und wo Werte und Überzeugungen zu konkretem Handeln führen. Spiritualität, meine Ausrichtung auf sinnvolles Tun, wird auch im Gesamt einer Organisation konkret. Dann ist mein Handeln von innen getragen und diese innere Überzeugung aktualisiert sich unter konkreten Ansprüchen und Anforderungen.

Das soziale Umfeld stärken

Etwa einmal im Monat treffe ich mich mit Kolleginnen und Kollegen zur kollegialen Beratung. Wir bringen in dieses Treffen berufliche Herausforderungen und Probleme, aber auch damit verbundene persönliche Anliegen ein. Um neue Sichtweisen und Lösungen für unsere Arbeit zu entwickeln, haben wir inzwischen ein Ritual entwickelt. Ich bringe einen Fall ein und schildere in einem ersten Schritt meine Fragestellung und Sichtweise. Die Kollegen stellen nur Verständnisfragen, enthalten sich aber einer Deutung. Dann tauschen sie sich darüber aus, wie sie die Situation sehen, und ich höre zu. Anschließend habe ich eine erste Möglichkeit, meine Ideen und Sichtweisen wiederzugeben. Der Kollegenkreis entwickelt Lösungen im gemeinsamen Gespräch; mehrere Perspektiven können nebeneinanderstehen. Ich greife die für mich tragfähigste

Lösung auf und wir entwickeln diese gemeinsam weiter. Zum Abschluss tauschen wir uns darüber aus, was wir miteinander gelernt haben.

Was ich hier am Beispiel kollegialer Beratung geschildert habe, ist ein vielschichtiger Arbeitsprozess; mit etwas Übung kann er sehr schnell zu lösungsorientierten Arbeitsschritten führen. Meine Erfahrung dabei ist: Ich bin nicht alleine, sondern ich werde von anderen unterstützt. Indem ich kollegialen Austausch pflege, entwickle ich tragfähige Beziehungen für den Arbeitsalltag. Meine Zufriedenheit steigt, weil es an meinem Arbeitsplatz einen Raum für meine Befindlichkeit und Sorgen gibt, einen Raum, an dem ich einmal so sein darf, wie ich bin, und an dem ich auch meine Grenzen zeigen darf. Ich habe die Möglichkeit zu konstruktiver Kritik und Feedback. Stresssituationen dürfen hier offen besprochen werden.

Führungskräfte können arbeitsbezogene soziale Unterstützung fördern, zum Beispiel durch Intervision und fachlichen Austausch. Die Projektgruppe, die sich einem unternehmensübergreifenden Ziel wie Nachhaltigkeit und dem verantwortungsvollen Umgang mit Ressourcen widmet, wie auch das Mitarbeitergespräch, das Zielorientierung, Transparenz und Vertrauen fördert, sind Instrumente, um Ziele gemeinsam zu entwickeln, Aufgaben nicht im Alleingang zu bewältigen und die Zusammenarbeit zu stärken. Stress und Belastung werden in der Organisation durch gemeinsames Tun reduziert.

Für Unterbrechung sorgen

Unterbrechung ist eine Form gelingenden Lebens. Die Pause ist fester Bestandteil der Arbeit. Was wie eine Selbstverständlichkeit klingt, ist – so weiß ich aus eigener Anschauung – keineswegs selbstverständlich. Zu schnell tendiert man dazu, unter dem Druck der anstehenden Aufgaben die Pause aufzugeben. Man arbeitet einfach durch, ohne auf die Signale des Körpers oder die eigenen Bedürfnisse zu achten. Vor allem Mitarbeitende mit einem starken Verantwortungsgefühl neigen dazu, sich selbst hintanzustellen. Und es liegt in der Eigendynamik erfolgreicher Unternehmungen, dass sie blind werden für die Bedürfnisse der am Erfolg Beteiligten. Als Führungskraft habe ich die Verantwortung, meinen Angestellten die Auszeit zu gewähren, die sie für die Regeneration ihrer Kräfte brauchen.

〉〉 So frage ich mich: *Wie sorge ich dafür, dass in meinem Betrieb Zeiten der Regeneration eingehalten werden? Sorge ich dafür, dass die Menschen, für die ich verantwortlich bin, inneren Abstand zu ihrer Arbeit gewinnen können? Oder bin ich im Gegenteil das personifizierte Vorbild für innere Unruhe und ein lebendiges Beispiel dafür, wie man ganz in der Arbeit aufgehen kann?*

Machen wir die Probe: Sicherlich kennen Sie einen Menschen in einer verantwortungsvollen Position, der ganz seinem Betrieb verhaftet ist. »Der ist mit seiner Firma verheiratet«, sagt man über ihn und meint damit nicht nur Positives. Wenn auch Anerkennung in dieser Aussage mitschwingen mag, wir bedauern oft solche Menschen. Sie kennen nichts anderes mehr als die Arbeit. Im Betrieb sind sie isoliert. Mögen sie noch so kommunikativ sein, sie nerven, weil sie nur noch über ihre Arbeit reden und wie toll sie darin sind. Wir spüren, dass sie gar nicht mehr auf ihr Gegenüber eingehen können, dass sie kaum persönliche Interessen haben und dass man sie häufig schneidet. Zu sehr wirken sie wie ein Magnet, der alle Energien auf sich ausrichtet. Umgekehrt arbeite ich gerne mit Menschen zusammen, die sich mit Freude auf ihre Arbeit einlassen, aber genauso gut auf Abstand dazu gehen können.

Unterbrechung ist daher ein Muss. Auf betrieblicher Ebene begegnet mir Unterbrechung in einer Fülle von Ideen. Da ist die Möglichkeit zum informellen Gespräch am Kopierer oder in der Teeküche. Da sind Maßnahmen zur Gesundheitsförderung wie Anti-Stress-Trainings, die Rückenschule oder das Augentraining am Bildschirmarbeitsplatz. Da ist die Fortbildung, die nicht nur Kenntnisse und Fertigkeiten vermittelt, sondern auch Raum für Begegnung und Austausch schafft. Da ist die Elternzeit, die der Fürsorge Raum gibt. Da sind interne Führungsleitlinien, die Sicherheit vermitteln ... Ergänzen Sie für sich solche Stress reduzierenden, betrieblichen Maßnahmen aus Ihrer eigenen Praxis.

Eines der wirksamsten Mittel organisierter Unterbrechung ist die *Sabbatzeit*. Die Kirchen kennen den Sabbat nicht nur im wöchentlichen Rhythmus, sondern auch als Instrument gelenkter Unterbrechung: die Zeit des regelmäßigen Gebetes, den freien Tag, die Zeit der Stille und Meditation, das Gespräch mit einem in der Seelenführung erfahrenen Menschen, das Sabbatsemester zwischen zwei Arbeitsstellen. Nicht nur den Kirchen, sondern vielen Arbeitgebern ist dieses Modell inzwischen vertraut. Mein Dienstgeber hat beispielsweise ein »6plus1«-Angebot entwickelt, in dem man unter Gehaltsverzicht sechs Monate oder Jahre arbeitet, um im siebten frei zu haben. Es bietet sich mir ein Freiraum, in dem ich Dinge tun kann, die sonst zu kurz gekommen wären: mich um meine Familie kümmern, eine erträumte Reise realisieren, Studium und Erholung. Einer meiner Kollegen hat auf diese Weise seine handwerklichen Fähigkeiten gestärkt und sein Haus ausgebaut.

All dies sind Maßnahmen zur Entlastung am Arbeitsplatz. Es gibt dabei auch einen gelingenden spirituellen Umgang mit Überlastung, vor allem für Führungskräfte selbst.

Nur für heute –
Spirituelles Selbstmanagement

Nimm dir nicht zu viel vor.
Es genügt eine friedliche, ruhige Suche
nach dem Guten an jedem Tag, zu jeder Stunde,
und ohne Übertreibung und ohne Ungeduld.
Johannes XXIII.

Was kann ich für mich tun, wenn mich die Fülle der Aufgaben erdrückt, ich in der Last der Verantwortung unterzugehen drohe? Was kann ich für mich tun, wenn der Stress in meinem Unternehmen überhand nimmt? Wie soll ich, wenn ich mich um andere sorge, mich um mich selbst kümmern? Natürlich ist Selbstmanagement – Leben und Arbeit in Gleichgewicht zu bringen – angesagt, denn es geht immer auch darum, wie ich mich selbst führe. Ich will sorgsam mit mir umgehen, mit meinen körperlichen und geistigen, mit meinen emotionalen und sozialen Kräften, weil diese mir Stärke verleihen. Was ist mir wirklich wichtig und wo will ich meine Kräfte investieren?

Nur für heute – Spirituelles Selbstmanagement

Welche Werte und inneren Überzeugungen habe ich, die ich auf keinen Fall aufgeben will? Wichtig ist für mich, wie ich meine spirituellen Kräfte nutze. Nicht nur Work-Life-Balance ist angesagt, sondern die *Balance* von *Arbeit und Seele*.

Da regt mich der Text eines Mannes an, dem man die Führung einer Weltorganisation übertrug. Man hat ihm keine Veränderung mehr zugetraut, weil er schon in hohem Alter war und von schwerer Krankheit gezeichnet. Aber dennoch hat er einen der nachhaltigsten Veränderungsprozesse seines Amtes und seiner Organisation in die Wege geleitet. Es ist Papst Johannes XXIII., der die folgenden zehn Gebote der Gelassenheit schrieb.

Ich trete in einen Dialog mit Papst Johannes ein und formuliere meine Sehnsüchte und Fragen im Gespräch:

»Lieber Papst Johannes, einen Großteil meines Führungsalltages verbringe ich mit Planungen und in Gesprächen. Es werden Visionen entwickelt und Konzepte geschmiedet. Ich muss mich um die Zukunft meiner Einrichtung kümmern. Veränderung steht auf der Tagesordnung. Viele Fragen wollen beantwortet, akute Probleme gelöst werden. Einem Papst, so kann ich mir vorstellen, geht es wohl kaum anders. Du, Papst Johannes, findest für dich eine Lösung. Ich finde bei dir ein sympathisches Beispiel für Glaubenssätze, die dem Leben dienen und zu mehr Gelassenheit führen.«

»Nur für heute
werde ich mich bemühen, den Tag zu erleben,
ohne das Problem meines Lebens auf einmal lösen zu wollen.

Nur für heute
werde ich mich den Gegebenheiten anpassen,
ohne zu verlangen,
dass sich die Gegebenheiten
an meine Wünsche anpassen.«

»*Du hast gut reden, sage ich mir im Stillen. Von mir wird verlangt, dass ich visionär und realistisch zugleich bin, meine Organisation in eine gute Zukunft führe und dass die Zahlen stimmen. Ich muss mehr als Tag für Tag leben. Allerdings, das mit den Gegebenheiten stimmt. Deine Überlegungen regen mich an. Wie oft will ich die Wirklichkeit an meine Wünsche und Ideen anpassen! Doch die Realität ist der Ausgangspunkt der Veränderung.*
› *Nur für heute*‹*, so leitest du jeden deiner Glaubenssätze ein. Nicht ein* ›*Du sollst nicht!*‹ *oder* ›*Du darfst nicht!*‹*, du stellst dich einfach in die Gegenwart. Heiter, unverkrampft und nicht verbissen schaust du dir die Dinge an. Du bleibst im Jetzt, während ich wie viele meiner Kolleginnen und Kollegen hin- und hergerissen bin. Mein Alltag ist oft mühsam. Vor manchen Dingen möchte ich am liebsten fliehen oder diese wenigstens nicht anpacken.«*

»*Nur für heute*
werde ich etwas tun,
wozu ich eigentlich keine Lust habe.
Nur für heute
werde ich nicht danach streben,
die anderen zu kritisieren oder zu verbessern –
nur mich selbst.«

Nur für heute – Spirituelles Selbstmanagement

»*Ich habe doch so schon wenig Zeit. Muss ich sie noch mit Arbeit verbringen, die mir keine Lust macht? Am Ungeliebten, sagst Du, bewährt sich die Treue, zu mir und meiner Aufgabe. Zu dem Tagesgeschäft, das mich immer wieder Mühe und Kraft kostet, gehören die ungeliebten Menschen, jene Menschen, die ich kritisieren möchte, weil sie so ganz anders sind als ich, jene Menschen, die eine andere Meinung haben, jene Menschen, die sich gar nicht nach meinen Vorstellungen und Wünschen richten. Du Johannes, siehst die Menschen so, wie sie sind. Wenn Du etwas kritisieren oder verbessern willst, dann Dich selbst. Du bist kritisch, jedoch zuerst Dir selbst gegenüber.*

In starken Momenten, lieber Papst Johannes, gehe ich davon aus, dass ich mich verbessern kann. Woher habe ich diesen Optimismus? Wer gibt mir auf Dauer die Gewissheit? Ist es nicht oft genug so, dass ich dazu da bin, Probleme zu bewältigen und Schwachstellen zu beseitigen? Ist nicht meine Zufriedenheit darüber, dass etwas gelingt, brüchig? Ist nicht eine Portion Skepsis angebracht? Oft genug muss ich mich in meinem Führungsalltag mit den Schattenseiten des Lebens auseinandersetzen. Wie machst du das?«

»*Nur für heute
werde ich in der Gewissheit glücklich sein,
dass ich für das Glück geschaffen bin.*«

»*Dein Zuspruch macht mir Mut. Ich kann glücklich sein, in Harmonie leben. Was tue ich, um mein Leben und meine Arbeit im Gleichgewicht zu halten? Natürlich kenne ich viele Instrumente aus dem Zeit- und Selbstmanagement, durch die ich für mich sor-*

ge. Alle diese Instrumente zeigen mir, dass es mehr gibt an Leben als nur die Arbeit.«

*»Nur für heute
werde ich zehn Minuten meiner Zeit
für ein gutes Buch verwenden.
Nur für heute
werde ich keine Angst haben.«*

»Manchmal, mitten im Alltag, befällt mich Angst. Alle Kunst der Entspannung nutzt mir nichts. Was zählt, ist, dass ich mit meinem Grundvertrauen ins Leben in Berührung komme. Ich tue mir etwas Gutes und wenn es nur für einige Minuten ist. Ich gönne mir eine Zeit, die mein Leben sinnvoll und lebenswert macht. Ich tauche ein in eine andere Welt. Ich nehme Abstand von den Ängsten und Sorgen meines Alltags, fühle mich getragen. So machst du das mit dem guten Buch. Du gönnst dir, was vielen Führungskräften fehlt, Kreativität und absichtslose Zeit. Und dann, nochmals ein praktischer Tipp von dir:«

*»Nur für heute
werde ich ein genaues Programm aufstellen.
Vielleicht halte ich mich nicht genau dran,
aber ich werde es aufsetzen.
Und ich werde mich vor zwei Übeln hüten:
vor der Hetze und der Unentschlossenheit.«*

»Du bist gut organisiert und spirituell zugleich. So lebst du, Papst Johannes. Offensichtlich hast du etwas vom Planen verstan-

den. Aber gleichzeitig sprichst du von zwei Übeln, Haltungen, die uns das Leben verderben. Ganz offensichtlich triffst du den Nerv der Zeit, dass wir uns auf der einen Seite durch Stress und Hektik überfordern und andererseits uns schwertun mit Entscheidungen. Dein Weg: sich nicht hetzen lassen und entscheiden.

Du tust dir gut. Was kann mich nun wirklich heiter und gelassen machen? Im letzten Vorsatz verrätst Du den Grund deiner Gelassenheit:«

*»Nur für heute
werde ich glauben
– selbst wenn die Umstände das Gegenteil zeigen sollten –,
dass Gott für mich da ist,
als gäbe es sonst niemanden auf der Welt.«*

»Das geht mir im Gespräch mit Dir, Johannes, auf. In der Last bewährt sich unser Glaube. In der Mühe vertraust du auf Gottes Nähe. Daran glaubst du. Gut gewählte Glaubenssätze – vor allem solche wie deine, Johannes, die lebensnah und umsetzbar sind – bauen mich auf. Sie werden mir zum Lebensprogramm; ob dieses Programm Wirkung entfaltet, hängt auch davon ab, dass ich mich nochmals einem Anderen anvertrauen kann. Ich muss mich nicht festhalten, weder an der Last der Verantwortung noch an meiner Arbeit, weder an den Dingen noch an meinen Gefühlen, weder an der Allgemeingültigkeit von Vorsätzen noch am überzogenen Anspruch. Ich brauche mich nicht festzuhalten, weil ich gehalten bin. So bekomme ich Geduld und Gelassenheit geschenkt.«

Heitere Gelassenheit im Umgang mit mir selbst und Bewältigung von Stress und Belastung im Beruf – diese beiden Erfahrungen haben viel miteinander zu tun. Johannes XXIII. gibt mir wertvolle Hinweise hierfür. Mir scheint, dass ihm die innere Müdigkeit und Mittel dagegen ganz vertraut waren. Ich will mit der letzten Empfehlung seines *Dekalogs der Gelassenheit* abschließen, weil sie mir gleichsam zum Ganzen unseres Themas Hilfe gibt:

»*Ich will mich nicht entmutigen lassen durch den Gedanken,*
ich müsste dies alles mein ganzes Leben lang durchhalten.
Heute ist es mir gegeben, das Gute während zwölf
Stunden zu wirken.«

Literaturempfehlungen

Fachliteratur

Abel, Peter
Burnout in der Seelsorge, Mainz 1995
In diesem Buch, das sich vor allem an Angehörige helfender Berufe und in der Seelsorge Tätige wendet, habe ich das Burnoutsyndrom ausführlich dargestellt und weitere spirituelle Quellen – vor allem den Wüstenvater Evagrius Ponticus – erschlossen.

Brunner, Birgit/Wilde, Mauritius
Ausstieg auf Zeit, Münsterschwarzach 2007
Ein Wegweiser zur Gestaltung von Auszeiten.

Burisch, Matthias
Das Burnout-Syndrom. Theorie der inneren Erschöpfung, Heidelberg ⁷1994
Das wissenschaftliche Standardwerk des führenden deutschen Burnoutforschers.

Geißler, Karlheinz
Zeit. Verweile doch, du bist so schön, Weinheim 1996
Hintergründiges zum Umgang mit der Zeit.

Kabat-Zinn, Jon
Im Alltag Ruhe finden. Meditation für ein gelassenes Leben, Frankfurt 2007
Der Autor hat ein Programm zur »Stressbewältigung durch die Praxis der Achtsamkeit« (MBSR) entwickelt.

Karsten, Carien
Den Burnout besiegen, Freiburg 2008
Einer der praktischen Ratgeber, empfehlenswert, da viele Facetten in den Blick genommen werden.

Linneweh, Klaus
Stresskompetenz. Der erfolgreiche Umgang mit Belastungssituationen in Beruf und Alltag, Weinheim 2002
Praxisorientiert und mit vielen Hilfen zum Umgang mit Stress.

Litzcke, Sven Max/Schuh, Horst
Stress, Mobbing und Burn-out am Arbeitsplatz, New York/ Heidelberg, [4]2007
Behandelt Stress und Burnout am Arbeitsplatz, informativ und vor allem praxisorientiert im Blick auf Stressbewältigung.

Maslach, Christina/Leiter, Michael
Die Wahrheit über Burnout. Stress am Arbeitsplatz und was Sie dagegen tun können, Wien 2001 und

Literaturempfehlungen

Burnout erfolgreich vermeiden. Sechs Strategien, wie Sie Ihr Verhältnis zur Arbeit verbessern, Wien/New York 2007
Die Autoren verfolgen einen organisationsbezogenen Ansatz von Burnout. Im zweiten Band entwickeln sie Strategien zur Verbesserung des Arbeitsplatzes.

Rush, Myron
Ausgebrannt. Was nun?, Asslar 1991
Humanwissenschaftlich und aus der Sicht eines Glaubenden geschrieben.

Seiwert, Lothar
Mehr Zeit fürs Glück. Life-Balance: Gesünder, erfolgreicher und zufriedener leben, München 2004
Seiwert, Experte für Zeit- und Selbstmanagement, legt einen Ratgeber vor, wie wir Körper und Gesundheit, Arbeit und Leistung, Familie, Sinn und Kultur in Balance bringen.

Spirituelle Zugänge

Die Benediktsregel
Herausgegeben im Auftrag der Salzburger Äbtekonferenz, Beuron 1992 (zitiert als RB)

Delp, Alfred
Im Angesicht des Todes, Würzburg 2007

Gregor der Große
Der hl. Benedikt. Buch II der Dialoge, St. Ottilien 1995

Gregor der Große
Des heiligen Papstes und Kirchenlehrers Gregor des Großen Buch der Pastoralregel, München 1933

Johannes XXIII
Dekalog der Gelassenheit

Beispiele in der Literatur

Brecht, Bertold
Geschichten vom Herrn Keuner, Frankfurt 1972

Coelho, Paulo
Der fünfte Berg, Zürich 1998

Handke, Peter
Versuch über die Müdigkeit, in: Ders.: Die drei Versuche, Frankfurt 2001

Lindbergh, Anne Morrow
Muscheln in meiner Hand. Eine Antwort auf die Konflikte unseres Daseins, München 2004

Schami, Rafik
Sieben Doppelgänger, München 1999

Zweig, Stefan
Ungeduld des Herzens, Frankfurt 1984

Internet

Wenn Sie Interesse an einer **Selbsteinschätzung** Ihres Burnout-Zustandes haben, so finden Sie das **M**aslach-**B**urnout-**I**nventory unter: *www.hilfe-bei-burnout.de*